V&R

Ethik kompetenzorientiert unterrichten I

Eine Konzeption für die Klassen 9/10 mit kopierbarem Unterrichtsmaterial

Herausgegeben von
Uta Eichler und Arne Moritz

Erarbeitet von
Uta Eichler
Arne Moritz
Franziska Schaff
Jewa Weide

Vandenhoeck & Ruprecht

Mit 115 Abbildungen

Bibliographische Information der Deutschen Nationalbibliothek

Die Deutsche Nationalbibliothek verzeichnet diese Publikation in der Deutschen Nationalbibliografie; detaillierte bibliografische Daten sind im Internet über http://dnb.d-nb.de abrufbar.

ISBN 978-3-525-78002-8

Layout und Satz: textformart, Göttingen
Druck und Bindung: ® Hubert & Co, Göttingen

Gedruckt auf alterungsbeständigem Papier.

Inhalt

Vorwort der Herausgeber

Das auf zwei Bände angelegte Unterrichtswerk *Ethik kompetenzorientiert unterrichten* für die Klassen 9/10 verfolgt mehrere Zielsetzungen:

Anlass für das Projekt ist die bevorstehende oder bereits abgeschlossene Einführung kompetenzorientierter Lehrpläne für die Fächergruppe Ethik, Praktische Philosophie, Werte und Normen usw. in unterschiedlichen Bundesländern. Wir greifen diese Entwicklung auf, indem wir uns an fünf Kompetenzen orientieren, auf welche kompetenzorientierter Ethikunterricht unserer Meinung nach abzielen sollte:

1 Wahrnehmen & Beschreiben (erfahrungsbezogene Kompetenzen)
2 Verstehen & Interpretieren (hermeneutische Kompetenzen)
3 Analysieren & Systematisieren (begriffliche Kompetenzen)
4 Argumentieren & Urteilen (diskursive Kompetenzen)
5 Übertragen & Erweitern (lebensweltbezogene Kompetenzen)

Dieses Kompetenzschema nimmt, unter Setzung eigener Betonungen, etablierte Formulierungen domänenspezifischer Kompetenzen des Ethikunterrichts auf. Es knüpft dabei an paradigmatische Überlegungen zu spezifischen Methoden ethischer bzw. philosophischer Reflexion an, die weitaus älter sind als der Kompetenzdiskurs. Neu ist, dass die genannten Kompetenzen im vorliegenden Unterrichtswerk konsequent die Struktur der Erschließung der jeweils behandelten Inhalte bestimmen. Die genannten Teilbereiche ethischer Reflexion werden somit nicht lediglich als Arbeitsmethoden zur Erschließung von Unterrichtsinhalten begriffen, deren Konstituierung einer eigenständigen, nicht kompetenzorientierten Logik folgt.

Die spezifischen Kompetenzen ethischer Reflexion verfestigen sich so zu einem für die Schülerinnen und Schüler deutlich erkennbaren und übertragbaren Paradigma der Auseinandersetzung mit ethischen Problemen. Auf diese Weise wollen wir einen Beitrag dazu leisten, dass der Ethikunterricht künftig ein Ort der nachhaltigen Ausbildung eines praktischen Könnens wird, das sich in variierten Kontexten erfolgreich zu bewähren und weiter zu entwickeln vermag, nicht zuletzt in der Lebenswelt der Schülerinnen und Schüler.

Die einzelnen Abschnitte jedes Kapitels fokussieren jeweils nacheinander eine der genannten fünf Kompetenzen. Dies dient methodisch einer möglichst deutlichen Abhebung dieser unterschiedlichen Praktiken ethischer Reflexion voneinander. Damit ist allerdings nicht der Anspruch verbunden, ethische Reflexion jeweils ausschließlich vom Horizont einer einzigen Kompetenz aus einzuüben. Ein solcher Anspruch wäre nicht nur unerfüllbar, sondern auch kontraproduktiv. Aus unserer Sicht stellt gerade die Vernetzung und wechselseitige Bezugsfähigkeit der unterschiedlichen Kompetenzdimensionen ethischer Reflexion letztlich das Ziel kompetenzorientierten Ethikunterrichts dar.

Ein zweites Ziel des vorliegenden Unterrichtswerks besteht darin, ein systematisch durchdachtes Unterrichtsmaterial vorzulegen, welches das Reflexionsniveau der Ethik als wissenschaftlicher bzw. philosophischer Disziplin auf altersangemessene Weise in den Rahmen des schulischen Unterrichts einbringt. Wir halten dies für eine entscheidende Voraussetzung da-

I Ich und die Anderen

1 Mich und andere erfahren

In diesem Kapitel beschäftigen wir uns mit unterschiedlichen Beziehungen, in denen Menschen zu anderen Menschen stehen können. Dabei begleitet uns die Frage danach, was einen Menschen gegenüber anderen Menschen besonders macht.

1.1 Biografien: erzähltes Leben

Wissen

Biografien[1] sind Lebensbeschreibungen. Wenn jemand sein eigenes Leben beschreibt, spricht man von einer Autobiografie.[2] Biografien bzw. Autobiografien umfassen entweder das ganze bisherige Leben einer Person oder nur einen ausgewählten Zeitraum. Einige sind sehr kurz (z. B. Ergänzung eines Zeitschriften-Interviews), andere umfassen mehrere hundert Seiten. Berühmte Autobiografien wurden von Augustinus (354–430), Rousseau (1712–1778) und Goethe (1749–1832) geschrieben. Autobiografien von Politikern, Stars, Sportlern und Wissenschaftlern gehören auch in der Gegenwart zu den meistgelesenen Büchern.

1. Nennt (Auto-)Biografien, die ihr schon gelesen habt, und überlegt, wessen (Auto-) Biografien ihr gerne lesen würdet.
2. Erklärt, warum es für euch interessant ist / sein könnte, eine bestimmte (Auto-)Biografie zu lesen.
3. Überlegt, warum es für die Autoren von Autobiografien interessant sein könnte, ihr eigenes Leben aufzuschreiben.

Erzählt euch selbst!

4. Stellt euch vor, dass ihr am Ende eures Lebens eure Autobiografie schreibt. Schreibt nur den Abschnitt auf, der euer Leben in der Gegenwart darstellt. Lasst euch dabei u. a. von folgenden Fragen leiten:
   - Welche Ereignisse fielen in diese Zeit?
   - Mit welchen Menschen hatte ich in dieser Zeit zu tun?
   - Was war in dieser Zeit besonders wichtig für mich?
   - Welche Pläne hatte ich in dieser Zeit für die Zukunft?
5. Tauscht euch über die Erfahrungen beim Schreiben aus: Beschreibt, wie ihr den Blick aus der Zukunft auf das eigene Leben empfunden habt und welche Erkenntnisse euch das Schreiben gebracht hat.
6. Verfasst aufgrund eurer Erfahrungen beim Schreiben einen Essay oder führt ein Schreibgespräch zu folgendem Thema: Stellen (Auto-)Biografien ein Abbild der Wirklichkeit dar (vergleichbar mit einer Fotografie)?

1 Von griech. *bios* = Leben und *graphein* =schreiben, beschreiben.
2 Von griech *auto* = selbst.

1.2 Wo stehe ich? Wohin bewege ich mich?

Der kanadische Philosoph Charles Taylor (geb. 1931) hält das Erzählen des eigenen Lebens für ein grundlegendes Bedürfnis des Menschen.

Nicht alle Menschen haben das Bedürfnis, dicke autobiografische Bücher zu schreiben. Aber als Menschen fragen wir uns, wer wir *sind und ob unser Leben einen* Sinn *hat. Auf diese beiden Fragen gibt eine Erzählung des eigenen Lebens Antwort, indem sie uns sagt:*

- *wo wir im Verhältnis zu dem, was wir für gut halten, gerade stehen,*
- *wie sich unsere Position gegenüber dem, was wir für gut halten, in der Vergangenheit verändert hat. Sind wir dem Guten näher gekommen oder haben wir uns von ihm entfernt?*

Die Erzählung des eigenen Lebens ähnelt somit der Positionsbestimmung auf einer Landkarte des Guten. Dabei zeichnen wir nicht nur unseren aktuellen Ort ein, sondern auch den Weg, den wir zurückgelegt haben. Das Erzählen des eigenen Lebens gibt uns also Orientierung[3] mit Bezug auf das Gute.

nach Charles Taylor: Quellen des Selbst. Frankfurt/M. 1994, S. 82–104

7. Zeichnet eine Landkarte.
   a) Zeichnet etwas ein, was ihr für gut und in eurem Leben für besonders wichtig haltet. Zeichnet dann den Ort ein, an dem ihr euch diesem Guten gegenüber jetzt befindet. Zeichnet schließlich einen Punkt in der Vergangenheit ein, an dem ihr diesem Guten näher wart, und einen weiter von ihm entfernten Punkt. Zeichnet euren Weg vom einen zum anderen Punkt ein. Markiert wichtige Wegstationen. Beschriftet alle Punkte.
   b) Erzählt in einem Text über euren Weg von dem einen zu dem anderen Punkt.
8. Vergleicht, ob ihr das Gute auf euren Karten ähnlich oder unterschiedlich bestimmt habt.
9. Überlegt, in welchen Situationen man sich selbst auf diese Art und Weise orientiert.

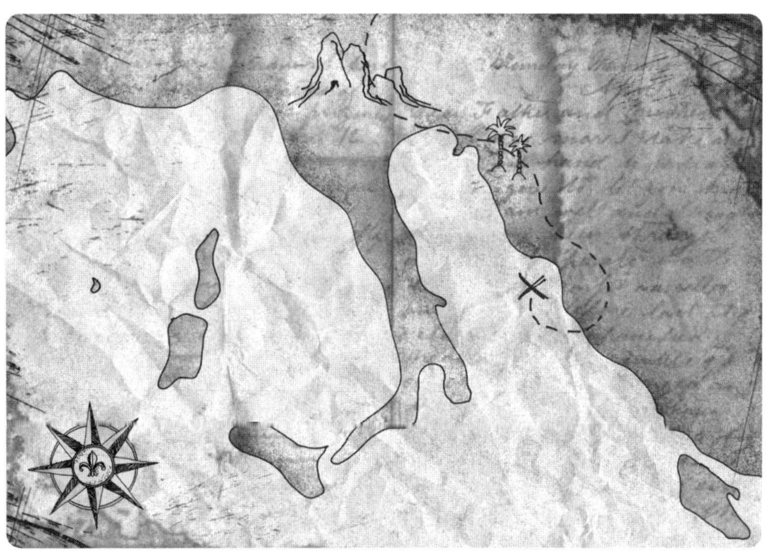

3 Orientierung, ursprünglich das richtige Ausrichten in Bezug auf die Himmelsrichtungen, von Orient = Osten, Morgenland. In diesem Sinn spricht man von räumlicher Orientierung. Der Begriff wird oft auch im übertragenen Sinn gebraucht.

1.3 *Wer* bin ich?

Die Frage: „*Wer* bin ich?" stellt der Mensch an sich selbst.

1. Beschreibt die Situation, in der sich die Jugendliche befindet. Notiert eure eigenen Gedanken und Gefühle beim Betrachten des Fotos.
2. Tauscht euch darüber aus, in welchen Situationen ihr euch die Frage „*Wer* bin ich?" gestellt habt. Beschreibt, was genau ihr über euch erfahren wolltet.
3. Erörtert, worauf sich die Frage „*Wer* bin ich?" genau bezieht: auf unseren Körper, unsere Gedanken, unsere Handlungen. Erweitert die Beispiele und berücksichtigt folgende Hinweise.

Wissen

Wenn wir nach uns fragen, über uns nachdenken oder uns vorstellen, was wir unter bestimmten Umständen tun würden, oder auch anderen etwas über uns erzählen, stehen wir uns in gewisser Weise gegenüber, betrachten uns selbst, haben einen Abstand zu uns.
Wir werden darauf aufmerksam, dass wir uns nicht nur ständig verändern, sondern diese Veränderung auch selbst bestimmen können, indem wir überlegen, was für uns gut ist.

Der Philosoph Helmuth Plessner (1892–1985) beschreibt, dass wir die Möglichkeit menschlicher Selbstveränderung besonders gut am Schauspieler beobachten können.

Der Schauspieler verkörpert andere Menschen. Als Mensch stellt er Menschen dar. Das können wir sonst nirgends beobachten. Schauspieler X und Schauspielerin Y verwandeln sich vor unseren Augen in andere Menschen: Herr X in Othello und Frau Y in Desdemona. Sie nehmen dadurch Abstand von ihrer Privatexistenz und verkörpern das Schicksal derer, in deren Rolle sie schlüpfen. Sie spielen es, ein anderer zu sein.

nach Helmuth Plessner: Zur Anthropologie des Schauspielers. Gesammelte Schriften, Bd. VII. Hrsg. von Günter Dux u. a., Frankfurt/M. 1983, S. 403–404

4. Beschreibt die besondere Leistung des Schauspielers gegenüber der Rolle.
   a) Stellt euch vor, ihr selbst spielt im Rahmen einer Theateraufführung oder im Film eine Rolle. Welche Rolle würdet ihr besonders gern spielen? Begründet eure Wahl.
   b) Welche/n Schauspielerin / Schauspieler seht ihr besonders gern, vielleicht in einer bestimmten Rolle? Begründet auch diese Wahl.

Der Mensch als Rollenspieler

Der Mensch ist dem Schauspieler insofern vergleichbar, weil auch er Rollen spielt, allerdings weniger im Film oder im Theater, sondern vielmehr im sozialen Leben.

Die Bestimmung des Menschen, Rollen spielen zu können, beginnt schon mit seiner Geburt, genauer mit seiner Namensgebung. Dadurch wird das Kind für andere und auch für sich selbst ansprechbar. Zugleich aber gibt der Name Halt, er garantiert die untrennbare Einheit des Menschen. Durch den Namen wird ein Mensch in die Gesellschaft aufgenommen. Er erhält durch die Verwandtschaftsverhältnisse seinen sozialen Ort und seinen Status[4]. Diese festgelegten Rollen unterscheiden sich von den Rollen, die zum Ausdruck bringen, was jemand aus sich macht, welchen sozialen Status er erwirbt.

nach Helmuth Plessner: Die Frage nach der Conditio humana. Gesammelte Schriften, Bd. VII. Hrsg. von Günter Dux u. a. Frankfurt/M. 1983, S. 196–197

5. Nennt soziale Rollen, die ihr kennt, und solche, die ihr selbst einnehmt.
6. Beschreibt Rollen, die sich aus den Verwandtschaftsverhältnissen ergeben, in denen ihr lebt. Bezieht euren Namen ein. Hebt eine der Rollen, die euch besonders wichtig ist, heraus und charakterisiert diese genauer.
7. Untersucht, worin sich die selbst gewählte Rolle des Freundes/der Freundin von einer Rolle unterscheidet, die durch Verwandtschaft bestimmt ist.
8. Beschreibt Konflikte, die sich möglicherweise aus den Anforderungen an diese unterschiedlichen Rollen ergeben.
9. Stellt Bezüge zwischen den unterschiedlichen Rollen, die ihr spielt, und euch selbst – als dem Träger der Rolle – auf einem Poster dar. Erörtert, inwiefern ihr selbst in allen Rollen, die ihr verkörpert, den Bezugspunkt bildet.
10. Erläutert anhand eurer Poster,
    a) inwiefern Rollen euch Sicherheit und Halt geben, aber auch Anforderungen an euch stellen;
    b) inwiefern Rollen euch einen Spielraum gewähren;
    c) wie ihr euch durch das Spiel der Rollen selbst verändert.
11. Ergänzt das Poster durch fiktive[5] Rollen, die ihr selbst spielt oder gern spielen würdet. Begründet eure Wahl.
12. Stellt in einem Essay den Zusammenhang zwischen sozialen Rollen, Theaterrollen, fiktiven Rollen und euch selbst als Rollenträger dar, indem ihr aus eurem Leben erzählt.

---

4 Status: hier der zugeschriebene Stand, die zugeschriebene Stellung.

5 Fiktiv: angenommen, nur gedacht.

1.4 Affekte als Teil des Ich

Im Endspiel der Fußball-Weltmeisterschaft 2006 wurde der französische Weltstar Zinedine Zidane in der 109. Minute des Feldes verwiesen. Er hatte den Italiener Marco Materazzi durch einen gezielten Stoß mit dem Kopf gegen dessen Kopf attackiert. Materazzi hatte Zidane vorher am Trikot festgehalten. Zidane hatte ihn daraufhin herablassend gemustert und gesagt, wenn Materazzi wolle, könne er ihm das Trikot nach dem Spiel schenken. Materazzi erwiderte darauf nach eigener Aussage: „Preferisco la puttana di tua sorella" (deutsch: „Ich nehme lieber deine Schwester, die Hure."). Fußballzuschauer in der ganzen Welt reagierten großteils mit Entsetzen und Unverständnis auf Zidanes Attacke. Materazzi entschuldigte sich später öffentlich bei Zidane. Dieser bat lediglich alle Kinder und Jugendlichen, die zugesehen haben, um Entschuldigung.

1. Stellt in einem Schaubild die Affekte dar, die in dieser Sportnachricht vorkommen. Berücksichtigt, wie diese Affekte ausgelöst werden, und findet möglichst passende Bezeichnungen für sie. Orientiert euch an folgender Begriffsbestimmung:

Wissen

Der Begriff des Affekts[6] vereint mehrere Bestandteile:

1. Affekte werden als *Gefühle* verstanden, die uns ohne eigenes Zutun erfassen (*Passivität*). *Ursachen* für Affekte können in Personen oder Sachverhalten *außerhalb* von uns liegen, aber auch in *inneren Vorgängen* wie Erinnern, Vorstellen (z. B. von Zukünftigem).
2. Affekte werden meist aufgrund wahrnehmbarer *körperlicher Veränderungen* festgestellt (z. B. Zornesröte).
3. Affekte werden oft als Motivation für menschliches Tun beschrieben. Es wird dabei angenommen, dass Affekte *menschliche Aktivität* sowohl steigern als auch herabsetzen können. Außerdem wird angenommen, dass Affekte den *Gebrauch der Vernunft* bzw. die *freie Entscheidung* einschränken oder ganz unmöglich machen.

2. Beschreibt, inwiefern bei der Reaktion der Fernsehzuschauer und bei Zidanes Entschuldigung Affekte, die sich auf Affekte beziehen, eine Rolle spielen.
3. a) Schreibt einen Brief an Zidane, in dem ihr sein Handeln beurteilt und mögliche Handlungsalternativen präsentiert.
   b) Stellt eure Briefe in der Klasse vor. Findet Unterschiede und Gemeinsamkeiten in euren Reaktionen und versucht diese zu erklären.
4. Schreibt eine Antwort Zidanes auf euren Brief.

Untersucht, welche Bedeutung Beleidigungen in der südeuropäischen und arabischen Welt haben. Überlegt, ob dieses Wissen eure Beurteilung von Zidanes Verhalten verändert.

6 Von lat. *affectus*, wörtlich: etwas Erlittenes, jemandem Zugestoßenes (vom Verb *afficere*).

Reaktionen auf Affekte

In der Ethik wird der Begriff *Sympathie*[7] anders als in der Alltagssprache verwendet. Der Philosoph Adam Smith (1723–1790) erklärt ihn mit folgendem Beispiel.

Ein lächelndes Gesicht wirkt auf jeden, der es sieht, aufheiternd, eine sorgenvolle Miene andererseits erweckt Traurigkeit.

Adam Smith: Theorie der ethischen Gefühle. Hrsg. von Walter Eckstein. Hamburg 2004, I, i, 1, S. 5;
**

5. Stellt in einem Schaubild Smiths Beschreibung der *Sympathie* dar. Gebt möglichst genau wieder, welche Affekte Smith unterscheidet.
6. Vergleicht die Darstellung der Affekte in diesem Graffiti mit der Beschreibung der Sympathie bei Adam Smith.
7. Untersucht eure eigene Reaktion auf die Darstellung der Affekte im Graffiti. Vergleicht diese mit Smiths Beschreibung der Sympathie.
8. Bezieht folgende Aussage von Adam Smith in eure Beobachtungen ein und erläutert die Ursachen für eure Reaktion auf das Graffiti.

Graffiti Prosti, Berlin, Alt-Treptow (2011)

Sympathie entspringt also nicht so sehr aus dem Anblick des Affektes, als vielmehr aus dem Anblick der Situation, die den Affekt auslöst.

Adam Smith: Theorie der ethischen Gefühle. Hrsg. von Walter Eckstein. Hamburg 2004, I, i, 1, S. 5;
**

9. Erfindet unterschiedliche Situationsbeschreibungen zu dem Graffiti und beobachtet, ob und wie sich eure Sympathie mit den Affekten auf dem Graffiti verändert.

Informiert euch über Experimente zu sogenannten „Spiegelneuronen" und beschreibt den Zusammenhang mit dem Thema Sympathie.

---

7 Sympathie, aus dem Griechischen, von *sym* = mit, zusammen, und *pathein*= erleiden, erfahren.

2 Gemeinschaft – Individuum – Gesellschaft

2.1 Der Mythos[8] vom Kugelmenschen – Zwei in einem

In der Schrift *Das Gastmahl (Symposion)* von Platon (ca. 428 – ca. 328 v. Chr.) werden verschiedene Reden auf die Liebe gehalten. Der Dichter Aristophanes (ca. 448 – ca. 338 v. Chr.) erzählt, dass es neben dem weiblichen und dem männlichen Geschlecht ein drittes gegeben habe, das doppelgeschlechtlich war und von runder Gestalt.

Rücken und Seiten schlossen sich ringsum zu einem Kugelrumpf zusammen. Vier Arme hatte dieses Wesen und ebensoviele Beine und zwei Gesichter auf kreisrundem Hals, beide einander völlig gleich, aber nur einen einzigen Schädel über diesen zwei voneinander abgekehrten Gesichtern, zudem vier Ohren, zwei Geschlechtsteile und alles andere, wie man es sich danach wohl ausmalen kann. Man schritt aufrecht wie heute, dabei nach Belieben vorwärts oder rückwärts. Wollten sie aber schnell laufen, so machten sie es wie die Leute beim Radschlagen, die ihre Beine stracks in die Höhe und wieder zurück in den aufrechten Stand schwingen und sich in kreisender Bewegung überschlagen. […] Sie waren also von gewaltiger Kraft und Stärke und hatten verwegene Gedanken, ja, sie wagten sich sogar an die Götter heran […] den Aufstieg in den Himmel hatten sie versucht, um die Götter anzugreifen.

Platon: Symposion, zitiert nach: Das Trinkgelage oder über den Eros. Übertr. von Ute-Schmidt-Berger. Frankfurt/M. 1985, 189e–190c; © Insel Verlag Anton Kippenberg GmbH & Co. KG, Berlin

1. Charakterisiert den Kugelmenschen.

Recherchiert die Bedeutung der Symbole von Kreis und Kugel.

Kugelmensch

Um den Kugelmenschen zu schwächen, beschlossen die Götter seine Trennung.

Jeder von uns ist demnach Teilstück eines Menschen, da wir ja zerschnitten sind wie die Schollenfische, so dass aus einem zwei geworden sind. Es ist denn auch ein jeder immerfort auf der Suche nach seinem Gegenstück.

Platon: Symposion, zitiert nach: Das Trinkgelage oder über den Eros. Übertr. von Ute-Schmidt-Berger. Frankfurt/M. 1985, 191d; © Insel Verlag Anton Kippenberg GmbH & Co. KG, Berlin

2. Bewertet ihr die veränderte Situation eher als gut oder eher als schlecht für den Menschen? Begründet eure Position.
3. Erläutert, welche Anforderungen durch die Veränderung seiner körperlichen Beschaffenheit an den Menschen gestellt werden. Untersucht, wie sich diese Veränderung auf das Verhältnis zum anderen Menschen auswirkt.

8 Mythos/Mythen: Überlieferungen über Götter, Helden und Ereignisse aus vorgeschichtlicher Zeit.

2.2 Der Mensch als Mängelwesen

In Platons Dialog *Protagoras* zeichnet Protagoras, einer der Gesprächspartner, folgendes Bild vom Menschen.

Die Menschen sind von ihrer Natur her gegenüber den anderen Tieren benachteiligt. Im Unterschied zu diesen verfügen die Menschen weder über Schnelligkeit noch über Kraft und auch nicht über ausreichende Behaarung oder die Möglichkeit, sich genügend zu schützen und Nahrung zu finden. Das Feuer, das sie zu nutzen lernten, erleichterte ihnen zwar das Leben in technischer Hinsicht, führte aber nicht zur Überlegenheit über die wilden Tiere. Weil sie verstreut lebten, waren sie ihren ständigen Angriffen ausgesetzt. Schlossen sie sich zusammen, schädigten sie einander so, dass sich wieder zerstreuen mussten. Kurz, die Menschen wären untergegangen, wenn Zeus nicht einen Ausweg gefunden hätte: Er ließ sie nachträglich mit Schamgefühl sowie einem Sinn für Recht ausstatten.

nach John Leslie Mackie: Ethik. Auf der Suche nach dem Richtigen und Falschen. Übers. von Rudolph Ginters. Stuttgart 1995, S. 135–136; © Philipp Reclam jun. GmbH & Co. KG, Stuttgart

4. Arbeitet heraus, worin die Benachteiligung des Menschen gegenüber dem Tier besteht.
5. Erläutert mit eigenen Worten, was das Feuer für den Menschen bedeutet.
6. Formuliert euer Verständnis des Schamgefühls und des Rechts, indem ihr ihren Zusammenhang und ihren Unterschied zu erfassen versucht.
7. Beschreibt an Beispielen, in welchen Situationen bei euch ein Schamgefühl ausgelöst wird und was das für euch bedeutet.
   a) Erläutert, welche Rolle der Beobachter der Situation für die Entstehung des Schamgefühls spielt.
   b) Beschreibt euch in Szenen, in denen ihr euch unbeobachtet glaubt und plötzlich bemerkt, dass ihr beobachtet werdet.
   c) Bezieht die Abbildung Kains ein und recherchiert ihre Bedeutung.
8. Prüft die Vorstellung vom Menschen als Mängelwesen kritisch, indem ihr untersucht, ob der Mensch die ihm zugeschriebenen Mängel ausgleichen kann.

Henry Vidal, Cain (1896), in den Tuilerien, Paris

2.3 Geselligkeit und Ungeselligkeit

Der Mensch wird häufig als geselliges Lebewesen bezeichnet.

1. Erläutert, wie ihr den Begriff *Geselligkeit* versteht, und beschreibt unterschiedliche Formen der Geselligkeit.
2. Nennt Orte, an denen ihr Geselligkeit erlebt habt und die ihr aufsuchen würdet, um Geselligkeit zu erleben.
3. Charakterisiert einen geselligen Menschen, indem ihr sein Verhältnis zum Anderen bestimmt. Bezieht dabei Begriffe wie Anstand, Höflichkeit und Takt ein.
4. Betrachtet die Briefmarke. Erläutert Zusammenhänge der Darstellung mit unserem Thema.
5. Beschreibt das Verhältnis von Mode und Geselligkeit. Überlegt, ob und warum ihr euch gern modisch kleidet.
6. Wann sucht/meidet ihr Geselligkeit? Begründet euere Position.
7. Formuliert euer Verständnis von Ungeselligkeit.
8. Charakterisiert einen ungeselligen Menschen.

Eitelkeit

David Hume (1711–1776) schrieb 1751 über die Eitelkeit:

Worin besteht die Eitelkeit, *die wirklich zu Recht als Fehler oder Unvollkommenheit betrachtet wird? Sie scheint hauptsächlich in einer derart übermäßigen Zurschaustellung unserer Vorzüge, Ehrungen und Leistungen zu bestehen, in einer so aufdringlich und unverhüllten Einforderung von Lob und Bewunderung, dass diese anderen gegenüber beleidigend ist und einen zu großen Übergriff auf* deren *verborgene Eitelkeit und deren Ehrgeiz darstellt. Darüber hinaus ist es ein sicheres Zeichen für das Fehlen echter Würde und Geistesgröße, die jede Person außerordentlich schmücken. Denn warum dieses ungeduldige Verlangen nach Beifall, gerade so als hätte einer nicht einen berechtigten Anspruch darauf und könne nicht billigerweise erwarten, dass dieser ihm auch in Zukunft zusteht?*

David Hume: Eine Untersuchung über die Grundlagen der Moral (1751). Hrsg. von Karl Hepfer. Göttingen 2002, Kap. 8.11, S. 91; © Vandenhoeck & Ruprecht GmbH & Co. KG

9. Überlegt, ob der Eitle als ungeselliger Mensch gelten könnte. Begründet eure Überlegungen. Charakterisiert einen Eitlen im Unterschied zum Stolzen und dem sich Schämenden.
10. Wie versteht ihr den Ausdruck *verborgene Eitelkeit* im Text? Zieht aus der Verwendung des Ausdrucks im Text Rückschlüsse auf Humes Menschenbild.

Kants Begriff der *Ungeselligen Geselligkeit*

Immanuel Kant (1724–1804) führt die Geselligkeit und die Ungeselligkeit auf zwei natürliche Anlagen des Menschen zurück.

Der Mensch hat eine Neigung, sich zu vergesellschaften*; weil er in einem solchen Zustande sich mehr als Mensch, d. i. die Entwicklung seiner Naturanlagen, fühlt. Er hat aber auch einen großen Hang, sich zu* vereinzelnen (isolieren)*; weil er in sich zugleich die ungesellige Eigenschaft antrifft, alles bloß nach seinem Sinne richten zu wollen, und daher allerwärts Widerstand erwartet, so wie er von sich selbst weiß, dass er seinerseits zum Widerstand gegen andere geneigt ist. […] Dieser Widerstand ist es nun, welcher alle Kräfte des Menschen erweckt, […] sich einen Rang unter seinen Mitgenossen zu verschaffen, die er nicht wohl* leiden*, von denen er aber auch nicht* lassen *kann.*

Immanuel Kant: Idee zu einer allgemeinen Geschichte in weltbürgerlicher Absicht (1784). Akademieausgabe, Bd. VIII. Berlin 1923, S. 20–21

11. Beschreibt die beiden Naturanlagen des Menschen mit eigenen Worten.
12. Kant bezeichnet den Widerstreit zwischen den beiden Anlagen auch als *ungesellige Geselligkeit*.
    a) Gebt euer Verständnis des Begriffs wieder.
    b) Bildet synonyme Begriffe.
    c) Erläutert den Zusammenhang von Geselligkeit und Ungeselligkeit, in dem ihr den von Kant verwendeten Begriff *Rang* berücksichtigt.
    d) Bezieht das Foto in eure Überlegungen ein.

Martin Kaufhold, Anziehung und Abstoßung

2.4 Gesellschaft und Gemeinschaft

In seiner Schrift *Gesellschaft und Gemeinschaft* von 1889 beschäftigt sich der Soziologe Ferdinand Tönnies (1855–1936) mit zwei grundlegenden Formen menschlichen Zusammenlebens.

Alles vertraute, heimliche, ausschließliche Zusammenleben [...] wird als Leben in Gemeinschaft verstanden. Gesellschaft ist die Öffentlichkeit, ist die Welt. In Gemeinschaft mit den Seinen befindet man sich, von der Geburt an, mit allem Wehe und Wohl daran gebunden. Man geht in die Gesellschaft wie in die Fremde. [...] Man leistet sich Gesellschaft, Gemeinschaft kann niemand dem anderen leisten. *[...] die menschliche Gesellschaft wird als ein bloßes Nebeneinander voneinander unabhängiger Personen verstanden.*

Ferdinand Tönnies: Gemeinschaft und Gesellschaft (1889), Berlin 6/7 1926, S. 3–4

1. Arbeitet die Unterscheidungsmerkmale von *Gemeinschaft* und *Gesellschaft* heraus:
   a) Erläutert mit eigenen Worten, worin nach Tönnies der Ursprung gemeinschaftlichen Lebens liegt.
   b) Charakterisiert das gemeinschaftliche Leben mit Hilfe des Textes. Erläutert dabei die Adjektive aus dem ersten Satz des Textes.
   c) Arbeitet heraus, wie die Gesellschaft bei Tönnies bestimmt wird.

Raimund Kittl: Ferdinand Tönnies (2005)

Gemeinschaft und Tradition

Tönnies unterscheidet drei grundlegende Arten der menschlichen Gemeinschaft, die er auf die Fortpflanzung, die Spezifik des Zusammenwohnens und die geistige Bezogenheit zum Anderen zurückführt: Aus ihrer Verbindung entstehen Verwandtschaft, Nachbarschaft und Freundschaft.

2. Beschreibt die Art und Weise der Verbindung zwischen den Mitgliedern einer Gemeinschaft. Bezieht die Formulierung aus dem Zitat oben ein: „Gemeinschaft kann niemand dem anderen *leisten*."

Gesellschaft und Moderne

[…] hier ist jeder für sich allein und im Zustande der Spannung gegen alle übrigen. […] Keiner wird für den anderen etwas tun oder leisten, keiner dem anderen etwas gönnen und geben wollen, es sei denn um einer Gegenleistung oder Gegengabe willen, welche er seinem Gegebenen wenigstens gleich achtet.

Ferdinand Tönnies: Gemeinschaft und Gesellschaft (1889), Berlin 6/7 1926, S. 34

3. Untersucht, auf welche Form des sozialen Lebens sich Tönnies hier bezieht.
4. Beschreibt das Verhältnis zum Anderen, welches der Text ausdrückt.
   a) Bezieht folgende Formulierung aus dem ersten Text von Tönnies ein: „Man leistet sich Gesellschaft".
   b) Stellt den Zusammenhang zum Begriff des Vertrags dar. I 3.2

Thomas Bachmann, Auf der Straße (1983)

5. Beobachtet Menschen in der Öffentlichkeit, in der Nachbarschaft und zu Hause. Begründet, welche der beobachteten Verhaltensformen ihr eher der Gesellschaft bzw. eher der Gemeinschaft zuordnet.
6. Tragt eure Ergebnisse in eine Tabelle ein: Die linke Spalte enthält Orte des gemeinschaftlichen, die rechte Spalte Orte des gesellschaftlichen Lebens.
   a) Nehmt zusätzlich folgende Orte in die Tabelle auf: Schule, Disko, Supermarkt, Theater, Wohnzimmer, Schülerwohnheim, Berufsberatungszentrum, Zeltplatz, Fußballstadion.
   b) Stellt eure Ergebnisse vor.
7. Führt ein Streitgespräch über den Wert, den die Lebensformen Gemeinschaft und Gesellschaft für euch haben. Bezieht euch dabei auf das Bild von Thomas Bachmann.

2.5 Über die Einsamkeit

Der Wunsch nach Einsamkeit und die Furcht vor der Einsamkeit

Vollständige Einsamkeit ist vielleicht die denkbar größte Strafe, die wir erdulden können. Jede Lust erstirbt, wenn sie allein genossen wird, und jeder Schmerz wird grausamer und unerträglicher. [...] Wenn alle Naturkräfte und Elemente sich verbänden, um einem Menschen zu dienen und zu gehorchen, wenn die Sonne auf seinen Befehl hin unterginge, das Meer und die Flüsse nach seinem Belieben fluteten, wenn die Erde freiwillig alles hervorbrächte, was ihm nützlich oder angenehm ist, er würde doch elend sein, bis Ihr ihm wenigstens einen *Menschen gebt, mit dem er sein Glück teilen, und dessen Wertschätzung und Freundschaft er genießen kann.*

David Hume: Ein Traktat über die menschliche Natur (1739/40). Hrsg. von Reinhardt Brandt, übers. von Theodor Lipps. 2 Bd. Hamburg 1978, Bd. 2, II, ii, 5, S. 97; © Meiner Verlag GmbH

1. Arbeitet heraus, was Hume unter Einsamkeit versteht und wie er ihren Gegensatz beschreibt.
2. Findet andere Ausdrücke für die Form der Einsamkeit, die Hume beschreibt.
3. Unterscheidet Einsamkeit als Lebensgefühl von anderen Formen der Einsamkeit.

Meiden, Isolieren, Lösen sind ebenso soziale Akte wie Binden und Vereinigen; Einsamkeit ist in der Tat nur als Fernbild der Gesellschaft da, sei es in erzwungener Abwendung, mit Sehnsucht oder Bitterkeit, sei es in gewollter, mit Hass oder entlastetem Glück. Der Bezug aufs Ego ist allemal durch die Gesellschaft bestimmt; ohne diese gäbe es kein Alleinsein, am wenigsten den Affekt des Alleinseins als Schmerz. Für die Jugend, der eine Stunde solange dauert, wie dem Alter zwölf, ist Einsamkeit schlechthin quälend und nur nach großer Enttäuschung flüchtig gewählt.

Ernst Bloch: Das Prinzip Hoffnung. Frankfurt/M. 1985, Fünfter Teil, Kap. 47, S. 1125; © Suhrkamp Verlag GmbH & Co. KG, Berlin

Felix Nussbaum, Einsamkeit (1942)

4. Bestimmt den Zusammenhang, in den der Philosoph Ernst Bloch (1885–1977) das Problem der Einsamkeit stellt.
   a) Untersucht besonders die Verben, die nach Bloch diesen Zusammenhang bezeichnen.
   b) Präzisiert Einsamkeit als Lebensgefühl unter Einbeziehung der genannten Affekte.
   c) Setzt euch mit der Auffassung Blochs im letzten Satz des Zitats auseinander. Schreibt ihm einen Brief und stellt Fragen zu seiner Position.
   d) Bezieht das Gemälde *Einsamkeit* mit ein.

Recherchiert die Lebensgeschichte des Malers Felix Nussbaum (1904–1944).

Lob der Einsamkeit

Wir haben eine vielgestaltige Seele; sie genügt sich selbst als Umgang; sie ist so reich, dass die Gegensätze in ihr Angriff und Verteidigung spielen, Geschenke empfangen und Geschenke austeilen können. Wenn wir so allein sind, brauchen wir nicht zu fürchten, dass wir bei diesem Alleinsein in die Langeweile des Nichtstuns versinken: ‚In der Einsamkeit kannst du dir selbst eine große Gesellschaft ersetzen.'

Michel de Montaigne: Über die Einsamkeit (1580), zitiert nach: Die Essais. Ausgew., übertr. und eingel. von Arthur Franz. Stuttgart 1989, S. 122; © Philipp Reclam jun. GmbH & Co. KG, Stuttgart

5. Wie begründet Montaigne sein Lob der Einsamkeit? Beschreibt die Rolle, die hierbei der Seele zukommt.

Allerdings hängt auch das Lob der Einsamkeit *nicht nur vom Habitus*[9] *des Menschen ab, der etwas mit ihr anzufangen weiß, sondern ebenso vom Zustand der Sozialwelt, innerhalb dessen der Einsame gedeiht. [...] Wird [...] eine Zeit als schlechthin feindlich empfunden und scheint dem Menschen, der sich als höher vorkommt, kein Platz in ihr zu sein, dann entsteht Einsamkeit als Glück der Flucht, als Asyl. [...] Umgang mit Pflanzen, Tieren, Natur, Büchern ließ die Menschen, das ist: die vorhandene Gesellschaft, vergessen; [...].*

Ernst Bloch: Das Prinzip Hoffnung. Frankfurt/M. 1985, Fünfter Teil, Kap. 47, S. 1126–1127; © Suhrkamp Verlag GmbH & Co. KG, Berlin

6. Stellt Blochs Lob der Einsamkeit mit eigenen Worten dar.
7. Erörtert, bei welchen Tätigkeiten oder in welchen Situationen ihr die Einsamkeit sucht und wann ihr sie vermeidet.
8. Findet Beispiele, mit deren Hilfe sich Einsamkeit als Glück verstehen lässt. Bezieht besonders den letzten Satz des Zitats ein.
9. Beschreibt den Unterschied zwischen Einsamkeit und Verlassenheit.

Bloch im Kreise von Studierenden 1955

9 Habitus = Haltung, Charakter eines Menschen

3 Formen des Bezugs zum Anderen

3.1 Das Wohlwollen

1. Untersucht den Begriff des Wohlwollens auf seine Bedeutung, indem ihr seine beiden Teile (Wohl / wollen) analysiert.
2. Erörtert, inwiefern Wohlwollen eine Grundlage für menschliches Zusammenleben darstellen könnte.
3. Bezieht in eure Diskussion die Unterscheidung zwischen Wohlwollen als Gefühl und als Eigenschaft des Charakters ein.

Sucht Bilder einer „Madonna mit Kind", die für euch Wohlwollen besonders gelungen darstellen. Analysiert, im Vergleich mit nebenstehender Abbildung, welche Eigenschaften der Bilder eure Auswahl begründen und was euch dies über das Wohlwollen sagt.

Raffael, Madonna mit Kind (1505)

Der Mensch – ein wohlwollendes Wesen?

Der folgende Text von David Hume (1711–1776) reagiert auf eine bestimmte Kritik am Wohlwollen als Grundlage menschlichen Zusammenlebens.

Weit entfernt zu glauben, dass die Menschen nur für ihr eigenes Selbst Interesse haben, bin ich der Meinung, dass, wenn man auch selten jemand finden mag, der eine einzelne fremde Person mehr liebt als sich selbst, man doch ebenso selten jemand begegnet, dessen wohlwollende Regungen zusammen genommen nicht seine selbstischen Neigungen überwögen. Man frage nur die alltägliche Erfahrung. Seht Ihr nicht, dass, obgleich in der Familie alle Aufwendungen gewöhnlich von dem Familienoberhaupt bestimmt werden, es nur wenige gibt, die nicht den größten Teil ihres Vermögens für das Vergnügen ihrer Frauen und die Erziehung ihrer Kinder ausgeben, und nur den kleinsten Teil für ihren eigenen Gebrauch und ihre eigene Unterhaltung zurückbehalten.

David Hume: Ein Traktat über die menschliche Natur (1739/40). Hrsg. von Reinhardt Brandt, übers. von Theodor Lipps. 2 Bd. Hamburg 1978, Bd. 2, III, ii, 2, S. 230;

4. Mit welchen Begriffen würdet ihr die Position, mit der sich Hume auseinandersetzt, in Verbindung bringen? Analysiert diese Gegenbegriffe zum Wohlwollen auf ihre Bedeutung.
5. Stellt den Inhalt von Humes Gegenargumentation mit eigenen Worten dar. Prüft, ob sie euch überzeugt.
6. Analysiert, welche Art von Familien- und Geschlechterbeziehungen Hume voraussetzt. Lässt sich seine Argumentation auch ohne diese Voraussetzungen begründen?

Selbstinteresse als Grenze des Wohlwollens

[Wir] müssen [...] doch gleichzeitig berücksichtigen, dass eine so edle Zuneigung die Menschen nicht für ausgedehnte Verbindungen geeignet macht, [...]. Jedermann liebt sich selbst mehr als irgend einen anderen einzelnen Menschen und innerhalb seiner Liebe für andere ist seine Zuneigung am größten gegenüber seinen Verwandten und Bekannten; dies erzeugt notwendigerweise einen Gegensatz von Affekten und daraus folgend einen Gegensatz der Handlungen, der für die [...] gesellschaftliche Vereinigung gefährlich werden muss.

David Hume: Ein Traktat über die menschliche Natur (1739/40). Hrsg. von Reinhardt Brandt, übers. von Theodor Lipps. 2 Bd. Hamburg 1978, Bd. 2, III, ii, 2, S. 230–231; © Meiner Verlag GmbH

7. Gebt dieses Argument David Humes mit eigenen Worten wieder. Prüft, ob Hume seine ursprüngliche Position zurücknimmt oder beibehält.
8. Erläutert Humes Rede von „ausgedehnten Verbindungen" und einem „Gegensatz von Affekten und Gegensatz von Handlungen" durch Beispiele.

Selbstinteresse als Grundlage menschlichen Zusammenlebens

Nicht vom Wohlwollen des Metzgers, Brauers und Bäckers, erwarten wir das, was wir zum Essen brauchen, sondern davon, dass sie ihre eigenen Interessen wahrnehmen.

Adam Smith: Der Wohlstand der Nationen (1776). Hrsg. von Horst Claus Recktenwald. München 1978, I, ii, S. 17

9. Erklärt, wie diese berühmte Aussage von Adam Smith gemeint ist. Erläutert, inwiefern sie über Humes Aussagen hinausgeht.

Wessen Wohl?

Die Sorgfalt des Staats für das [...] Wohl der Bürger ist ferner darum schädlich, weil sie auf eine gemischte Menge gerichtet werden muss und daher den einzelnen durch Maßregeln schadet, welche auf einen jeden von ihnen nur mit beträchtlichen Fehlern passen.

Wilhelm von Humboldt: Ideen zu einem Versuch, die Grenzen der Wirksamkeit des Staats zu bestimmen (1851). Stuttgart 2006, Kap. III, S. 42–43; © Philipp Reclam jun. GmbH & Co. KG, Stuttgart

10. Stellt, dar mit welcher Begründung Wilhelm von Humboldt (1767–1835) das Wohlwollen als Haltung des Staates gegenüber seinen Bürgern kritisiert.
11. Diskutiert, in welchem Ausmaß Humboldts Kritik auch auf die Rolle des Wohlwollens in der Beziehungen zwischen Individuen angewendet werden kann.

3.2 Der Vertrag

Verträge

1. Stellt unterschiedliche Arten von Verträgen, die ihr kennt, in einer Liste zusammen.
2. Untersucht, was allen diesen Verträgen gemeinsam ist. Orientiert euch dabei an folgenden Begriffen: Vertragspartner, Übereinkunft, Vertrauen, Sicherheit, Verpflichtung, Zwang, Vorteil.
3. Deutet, was die Geste des Handschlags zum Ausdruck bringt. Vergleicht sie mit anderen äußeren Ausdrucksformen des Vertrags.

Dan Beard, Cosmopolitan Magazine 1893

Gesellschaftsvertrag

Eine der ersten und einflussreichsten Formulierungen der Idee des *Gesellschaftsvertrags* stammt von dem englischen Philosophen Thomas Hobbes (1588–1679).

Der alleinige Weg zur Errichtung einer […] allgemeinen Gewalt, die in der Lage ist, die Menschen vor dem Angriff Fremder und vor gegenseitigen Übergriffen zu schützen […] liegt in der Übertragung ihrer gesamten Macht und Stärke auf einen Menschen oder eine Versammlung von Menschen, […]. Das heißt so viel wie einen Menschen oder eine Versammlung von Menschen bestimmen, die deren Person verkörpern sollen, und bedeutet, dass jedermann alles als eigen anerkennt, was derjenige, der auf diese Weise seine Person verkörpert, in Dingen des allgemeinen Friedens und der allgemeinen Sicherheit tun oder veranlassen wird, […]. Dies ist mehr als Zustimmung oder Übereinstimmung: Es ist eine wirkliche Einheit aller in ein und derselben Person, die durch Vertrag eines jeden mit jedem zustande kam, als hätte jeder zu jedem gesagt: Ich autorisiere diesen Menschen oder diese Versammlung von Menschen und übertrage ihnen mein Recht, mich zu regieren, unter der Bedingung, dass du ihnen ebenso dein Recht überträgst […]. Ist dies geschehen, so nennt man diese zu einer Person vereinte Menge Staat […]. Wer diese Person verkörpert, wird Souverän genannt und besitzt, wie man sagt, höchste Gewalt, und jeder andere daneben ist sein Untertan.

Thomas Hobbes: Leviathan oder Stoff, Form und Gewalt eines kirchlichen und bürgerlichen Staates. Hrsg. von Iring Fetscher. Frankfurt/M. 1966, Kap. 17, S. 134;

Frontispiz von Hobbes' Leviathan 1651

4. a) Analysiert die Bestandteile des Gesellschaftsvertrages bei Hobbes. Orientiert euch an den Begriffen in Aufgabe 2.
   b) Interpretiert die Abbildungen bezogen auf den Text.
5. Erläutert die Aufgaben des Souveräns anhand von Beispielen. Nehmt dabei u. a. auf die Verträge Bezug, um die es in den Aufgaben 1 bis 3 ging.

Menschliche Natur als Ursache für Krieg und Frieden

So liegen also in der menschlichen Natur drei hauptsächliche Konfliktursachen: Erstens Konkurrenz, zweitens Misstrauen, drittens Ruhmsucht. Die erste führt zu Übergriffen der Menschen des Gewinnes, die zweite der Sicherheit und die dritte des Ansehens wegen. […] Daraus ergibt sich klar, dass die Menschen […] ohne eine allgemeine, sie alle im Zaum haltende Macht […] sich in einem […] Krieg eines jeden gegen jeden [befinden]. […] Die Leidenschaften, die den Menschen friedfertig machen, sind Todesfurcht, das Verlangen nach Dingen, die zu einem angenehmen Leben notwendig sind und die Hoffnung, sie durch Fleiß erlangen zu können. Und die Vernunft legt die […] Grundsätze des Friedens nahe, auf Grund derer die Menschen zur Übereinstimmung gebracht werden können.

Thomas Hobbes: Leviathan oder Stoff, Form und Gewalt eines kirchlichen und bürgerlichen Staates. Hrsg. von Iring Fetscher. Frankfurt/M. 1966, Kap. 13, S. 95–98; © Suhrkamp Verlag GmbH & Co. KG, Berlin

IV 3.1

6. Bestimmt die Eigenschaften des Menschen, die
   a) den Gesellschaftsvertrag erforderlich machen, sowie
   b) diejenigen Eigenschaften, die den Gesellschaftsvertrag ermöglichen.
   c) Setzt eurer Ergebnisse in Beziehung zum Begriff des Selbstinteresses.
7. Diskutiert das von Hobbes vorausgesetzte Menschenbild und die Idee des Kriegs „eines jeden gegen jeden".

Marder, Füchse, Löwen

Das heißt die Menschen für solche Narren zu halten, dass sie sich zwar bemühen, den Schaden zu verhüten, der ihnen durch Marder oder Füchse entstehen kann, aber glücklich sind, ja es für Sicherheit halten, von Löwen verschlungen zu werden.

John Locke: Zwei Abhandlungen über die Regierung (1690). Hrsg. von Walter Euchner. Frankfurt/M. 1977, II, § 93, S. 258; © Suhrkamp Verlag GmbH & Co. KG, Berlin

8. Erläutert, welche Gefahr in Hobbes' Vertragstheorie John Locke (1632–1704) anspricht.

Ermittelt Unterschiede der Theorien des Gesellschaftsvertrags bei Locke und Hobbes.

3.3 Die Perspektive des unparteiischen Zuschauers

Unparteilichkeit

I 1.4 I 1.3

1. Analysiert den Begriff unparteiisch, indem ihr ihn in seine beiden Bestandteile zerlegt.
2. Bisher haben wir das Fußballspiel als Kontext kennengelernt, in dem ein unparteiischer Beobachter (der Schiedsrichter) eine wichtige Funktion hat. Nennt andere soziale Rollen, bei denen Unparteilichkeit eine wichtige Bedingung dafür darstellt, die jeweilige Rolle angemessen zu erfüllen.

Perspektive und Wahrnehmung von Affekten

I 1.4

Unsere Fähigkeit, mit den Affekten anderer Sympathie zu entwickeln, hängt außer von Kenntnissen der Situation von der *Perspektive*[10] ab, aus der wir die Affekte betrachten.

3. Stellt euch einen zornigen Menschen vor. Nehmt an, dass ihr den Anlass für den Zorn nicht kennt. Untersucht, wie folgende Perspektiven eure Bereitschaft beeinflussen werden, Sympathie mit dem Zorn zu entwickeln: Du bist …

Heinrich Lautensack, Personen in Zentralperspektive (1618)

   a) ein Freund des Zornigen,
   b) ein Freund desjenigen, der durch den Zorn bedroht ist,
   c) selbst zornig auf die Person, die Ziel des Zorns ist,
   d) ein kräftiger Mensch,
   e) ein eher schwacher Mensch,
   f) verantwortlich für eine Gruppe, zu welcher der Zornige gehört (z. B. Lehrer, Erzieher),
   g) ein unparteiischer Beobachter.

Moral als Praxis der Billigung und Missbilligung von Affekten

Wissen

Wir versuchen oftmals durch Lob oder Belohnung bestärkend bzw. durch Tadel oder Strafe abschwächend auf die Affekte anderer einzuwirken. Moral kann als eine Praxis betrachtet werden, in der Menschen sich wechselseitig auf diese Weise auf ihre Affekte beziehen. Die positive Bezugnahme auf Affekte wird auch als Billigung, die negative als Missbilligung bezeichnet.

4. Überprüft das hier formulierte Modell von Moral anhand von Beispielen. Unterscheidet anhand eurer Beispiele unterschiedliche Formen, die moralische Billigung und Missbilligung annehmen können.

10 Begriff, der in der Malerei entstanden ist und im übertragenen Sinn den Blickwinkel oder Standpunkt bezeichnet, von dem aus wir eine Sache betrachten.

Sympathie als Maßstab von Billigung und Missbilligung

Wenn wir also die Affekte eines anderen […] billigen, so bedeutet das nichts anderes, als dass wir unserer vollen Sympathie mit diesen Affekten inne geworden sind, und sie nicht […] billigen, heißt bemerken, dass wir nicht gänzlich mit ihnen sympathisieren. […] Derjenige, der über den gleichen Scherz lacht und ebenso lange darüber lacht wie ich, wird nicht gut in Abrede stellen können, dass mein Lachen […] berechtigt ist. […] [W]enn ich laut und herzlich lache, sobald er nur lächelt, oder umgekehrt […], werde ich mir […] seine Missbilligung zuziehen.

Adam Smith: Theorie der ethischen Gefühle. Hrsg. von Walter Eckstein. Hamburg 2004, I, i, 3, S. 14–15;

5. Erläutert den Zusammenhang von moralischer Billigung bzw. Missbilligung und Sympathie.
6. Überprüft Adam Smiths These anhand unterschiedlicher Situationen, in denen gelacht werden könnte. Bezieht folgende Information ein:

Wichtige Faktoren, von denen Sympathie mit Affekten abhängt, sind laut Adam Smith:
1. ob wir den Affekt in Bezug auf seine *Ursache* für angemessen halten oder nicht;
2. ob wir die *Wirkung* des Affektes gutheißen können oder nicht.

Die Perspektive des unparteiischen Zuschauers

Wir bemühen uns, unser Verhalten so zu prüfen, wie es unserer Ansicht nach irgendein anderer gerechter und unparteiischer Zuschauer prüfen würde. Wenn wir uns erst in seine Lage versetzen und wir dann immer noch an allen Affekten und Beweggründen, die unser Verhalten bestimmten, durchaus inneren Anteil nehmen, dann billigen wir dieses Verhalten aus Sympathie mit der Billigung dieses gerechten Richters, den wir in Gedanken aufgestellt haben.

Adam Smith: Theorie der ethischen Gefühle. Hrsg. von Walter Eckstein. Hamburg 2004, III, 1, S. 167;

7. Stellt dar, auf welche Weise wir laut Adam Smith unser eigenes Verhalten und unsere eigenen Affekte beurteilen.
8. Erklärt anhand des Umgangs mit Affekten wie Wut, Stolz, Wohlwollen, Dankbarkeit, wie die Perspektive des unparteiischen Zuschauers menschliches Zusammenleben ermöglicht.
9. Adam Smith versteht die Perspektive des unparteiischen Zuschauers auch als Maßstab, unberechtigte moralische Billigung / Missbilligung zu kritisieren. Untersucht diese These.

3.4 Die Achtung der Würde

Das Gefühl der Achtung

1. Charakterisiert Personen oder Handlungen, denen gegenüber ihr Achtung empfindet.
2. Beschreibt mit Bezug auf diese Personen und Handlungen das Gefühl der Achtung und wie dieses sich in eurem Handeln zeigt.
3. Unterscheidet anhand geeigneter Beispiele, wie sich das Fehlen von Achtung im Handeln zeigt.
4. Analysiert, wie die Begriffe *würdig* bzw. *Würde* und der Begriff der *Achtung* zusammenhängen.

Die Würde des Menschen

Die Idee einer besonderen *Würde* des Menschen formulierte als einer der Ersten der italienische Philosoph Giovanni Pico della Mirandola (1463–1494). Er lässt Gott zu Adam, dem ersten Menschen, sprechen:

Keinen bestimmten Platz habe ich dir verliehen, Adam, damit du den Platz, das Aussehen und alle die Gaben, die du dir selber wünschst, nach deinem eigenen Willen und Entschluss erhalten und besitzen kannst. Die fest umrissene Natur[11] *der übrigen Geschöpfe entfaltet sich nur innerhalb der von mir vorgeschriebenen Gesetze. Du wirst von allen Einschränkungen frei nach deinem eigenen freien Willen, dem ich dich überlassen habe, dir selbst deine Natur*[12] *bestimmen.*

Giovanni Pico della Mirandola: Über die Würde des Menschen (1486), zitiert nach: Oratio de hominis dignitate / Über die Würde des Menschen. Hrsg. und übers. von Gerd von der Gönna. Stuttgart 2009, S. 9;
© Philipp Reclam jun. GmbH & Co. KG, Stuttgart

5. Stellt die Begründung der Würde des Menschen dar, die Pico gibt. Analysiert dabei den Begriff der menschlichen Natur.
6. Führt die Rede Gottes an Adam fort. Erklärt Adam, inwiefern die menschliche Würde Achtung verdient und wie sich diese Achtung im Zusammenleben der Menschen auswirken sollte.

André Thevet, Pico della Mirandola (1584)

11 Hier im Sinne von: Wesen, Artbestimmung.
12 Ebenso: Wesen, Artbestimmung.

Achtung der Würde von Personen

Die Wesen, deren Dasein zwar nicht auf unserm Willen, sondern der Natur beruht, haben dennoch, wenn sie vernunftlose Wesen sind, nur einen relativen Wert, als Mittel, und heißen daher Sachen, dagegen vernünftige Wesen Personen genannt werden, weil ihre Natur[13] sie schon als Zwecke an sich selbst, d. i. als etwas, das nicht bloß als Mittel gebraucht werden darf, auszeichnet, mithin so fern alle Willkür[14] einschränkt (und ein Gegenstand der Achtung ist).

Immanuel Kant: Grundlegung zur Metaphysik der Sitten (1785). Akademieausgabe, Bd. IV. Berlin 1911, S. 428–429

7. Analysiert in einem Schaubild, wie Kant Sachen und Personen entsprechend ihrer verschiedenen Natur unterscheidet. Ordnet auch Tiere und Pflanzen in das Schaubild ein.
8. Erläutert, wie sich für Kant die Achtung der Würde des Menschen im Handeln zeigt. Analysiert dabei die Bedeutung der Begriffe Zweck und Mittel.
9. Stellt anhand eigener Beispiele dar, was es heißt, einen Menschen als Mittel zu gebrauchen.
10. Untersucht, ob sich Kants und Picos Begründung menschlicher Würde unterscheiden.

Zustimmung und Instrumentalisierungsverbot

Wird jemand ausschließlich als Mittel gebraucht, spricht man von Instrumentalisierung. Kants Verständnis der Achtung menschlicher Würde wird somit oft als Instrumentalisierungsverbot bezeichnet. Eine Person wird dagegen laut Kant *nicht* instrumentalisiert, sondern in ihrer Würde geachtet, wenn vorher ihre Zustimmung zu einer Handlung eingeholt wird, von der sie betroffen ist.

11. Wendet diese Unterscheidungsregel auf eigene Beispiele an, um festzustellen, welche Grenzen das Instrumentalisierungsverbot für menschliches Zusammenleben festlegt.
12. Diskutiert, woran es liegt, dass in folgendem Fall Zustimmung nicht als ausreichend für die Achtung der Würde des Menschen angesehen wurde.

2002 hat das UN-Menschenrechtskomitee[15] festgestellt, dass das sogenannte Zwergenwerfen mit der Menschenwürde nicht vereinbar sei. Geklagt hatte ein 1,14 m großer Franzose, der seinen Lebensunterhalt damit verdienen wollte, sich mit Helm und in gepolsterter Kleidung, an der Griffe angebracht waren, von Diskotheken-Besuchern durch die Luft werfen zu lassen. Dies war zuvor in Frankreich mit Bezug auf die Menschenwürde gesetzlich verboten worden.

Ermittelt andere Beispiele für die Rolle der Achtung der Menschenwürde im Recht.

13. Führt ein Schreibgespräch über folgende Aussage: „Es ist etwas anderes, die Würde zu achten, die jeder Mensch besitzt, und einen bestimmten Menschen zu achten. Beides ist eine Grundlage menschlichen Zusammenlebens."

---

13 Ebenso: Wesen, Artbestimmung.
14 Willkür, hier im Sinne von: jeden freien Willen.
15 Kommission der Vereinten Nationen (UN), welche 1946–2006 über den Schutz der Menschenrechte wachte.

4 Beziehungen zum Anderen in der Diskussion

4.1 Voraussetzungen von Gemeinschaft und Altruismus

Der kanadische Philosoph Gerald Cohen (1941–2009) formulierte die im Folgenden wiedergegebenen Überlegungen zu Voraussetzungen von Gemeinschaft.

Auto oder Bus

Gemeinschaft lässt sich nicht im vollen Sinn genießen, wenn einer zehnmal mehr Geld verdient als andere und dieses Geld für sich behält. Denn er wird dann mit vielen Herausforderungen, vor denen die anderen stehen, niemals in Berührung kommen. Man kann sich dies an folgender Geschichte klar machen: Nehmen wir an, A ist reich und lebt ein leichtes Leben, während B arm ist. B muss jeden Tag mit dem überfüllten Bus fahren, den A mit seinem Auto überholt. Eines Tages muss A jedoch den Bus nehmen, weil seine Frau das Auto braucht. Darüber kann er sich bei einem anderen Autofahrer beklagen, aber nicht bei B. A kann zu B schlecht sagen: „Es ist schrecklich, dass ich heute den Bus nehmen muss." Diejenige Art von Gemeinschaft, die zwischen Autofahrern besteht, kann zwischen A und B nicht bestehen. Und dieser Mangel an Gemeinschaft wird sich auf viele andere Weisen zeigen, weil As und Bs Fähigkeiten für sich selbst zu sorgen, ihre Kinder zu schützen und zu fördern, Gefahr zu vermeiden usw. sich unterscheiden. Gewisse Ungleichheiten sollten möglicherweise um der Gemeinschaft willen verboten werden.

nach Gerald A. Cohen: Why not Socialism. Princeton 2009, S. 36–37

1. Gebt diese Beobachtung Cohens mit eigenen Worten wieder.
2. Findet Beispiele, die Cohens Beobachtung unterstützen, sowie Gegenbeispiele.
3. Erörtert, ob allein Einkommensunterschiede die von Cohen beschriebenen Folgen haben.
4. Diskutiert Cohens Forderung, Ungleichheiten zu verbieten. Begründet eure Meinung.
5. Diskutiert, welche Bedeutung der Wert der Gemeinschaft für euch besitzt, und setzt ihn in Beziehung zu anderen Werten.

II 3.5

Autopanne, Radwechsel, Altruismus

Wenn in meiner Umgebung egoistisches Handeln vorherrscht, hindert mich dies daran, andere in meinem Handeln zu berücksichtigen. Wenn meine Umgebung aber Altruismus von mir erwartet, ist es einfacher, echt altruistisch zu sein. Es gibt psychologische Experimente, bei denen Situationen hergestellt werden, die nach einer altruistischen Reaktion verlangen, z. B. wird ein Autofahrer hilflos neben einem kaputten Auto an die Straße gestellt. Ein Ergebnis dieser Experimente scheint zu sein, dass Menschen ihre Hilfe eher anbieten, wenn sie vorher jemand anderen beobachten konnten, der in einer ähnlichen Situation geholfen hat (z. B. wenn die Psychologen weiter vorne an der Straße jemanden aufgestellt haben, der einem Autofahrer beim Radwechsel hilft).

nach Peter Singer: Altruism and Commerce, in: Philosophy and Public Affairs 2, 3 (1973), S. 319

6. a) Analysiert die Bedeutung der Begriffe *Egoismus* und *Altruismus*. Bezieht die lateinischen Wortursprünge *ego* (Ich) bzw. *alter* (der Andere) ein.
   b) Setzt Egoismus und Altruismus jeweils in Beziehung zu Wohlwollen und Selbstinteresse.
7. a) Gebt die Beobachtung des australischen Philosophen Peter Singer (geb. 1946) mit eigenen Worten wieder.
   b) Formuliert eigene Erfahrungen, die Singers Aussage unterstützen, sowie Gegenbeispiele.
8. Erläutert Singers Formulierung „echt altruistisch", indem ihr die Bedeutung von „unechter Altruismus" bestimmt. Diskutiert, ob es „echten Altruismus" gibt.
9. a) Formuliert eine Erklärung für den von Singer beschriebenen Zusammenhang. An einem oder mehreren der folgenden Begriffe könnt ihr euch dabei orientieren: Vorbild, Anpassung, Sensibilisierung, Erwartungsdruck, Handlungsmuster, Gemeinschaftsgefühl.
   b) Diskutiert, welcher Erklärungsversuch euch überzeugt.

Blutspende

Peter Singers Text bezieht sich auf eine Diskussion um die unentgeltliche Blutspende.

10. Gebt an, was ihr über die Blutspende in Deutschland wisst.
11. Erläutert die symbolische Bedeutung der Briefmarke. Stellt den Zusammenhang dar, der sich zwischen der Institution der Blutspende und Peter Singers Beobachtung herstellen lässt.
12. Untersucht, ob die Institution der Blutspende auf euch so wirkt, wie Singer es beschreibt. Formuliert Begründungen für eure Haltung gegenüber der Blutspende und diskutiert diese.

4.2 Erwartungen an Freundschaft – Verpflichtungen aus Freundschaft

Auf dieser Doppelseite diskutieren wir die besonderen Beziehungen, die wir zu Freundinnen und Freunden haben.

I 3.1–3.4

1. Beurteilt in welchem Verhältnis *Wohlwollen, Vertrag, Unparteilichkeit, Achtung* zur Freundschaft stehen. Folgende Zusammenhänge könntet ihr z. B. feststellen:
   … ist mit Freundschaft nicht vereinbar;
   … ist ein Teil von Freundschaft;
   … ist eine Voraussetzung für Freundschaft;
   … ist das Gegenteil von Freundschaft;
   … ist identisch mit Freundschaft usw.
   Begründet eure Beurteilung anhand von Beispielen.

Die vielen Eigenschaften von Freundschaft

Dagegen soll man, wie man sagt, dem Freunde das Gute wünschen um des Freundes willen. Wer auf diese Weise Gutes wünscht, den nennt man wohlgesinnt, wenn man nicht dasselbe vom andern erfährt. Wo aber gegenseitige Wohlgesinntheit vorhanden ist, da spricht man von Freundschaft. Oder muss man beifügen, dass die Gesinnung nicht verborgen bleiben darf?

Aristoteles: Nikomachische Ethik. Übers. von Olof Gigon. München 1991, VIII, 2, 1155 b 31–33

2. a) Nennt die beiden Eigenschaften der Freundschaft, die Aristoteles angibt.
   b) Erläutert, wie ihr diese Eigenschaften versteht.
   c) Diskutiert, ob diese beiden Eigenschaften für Freundschaften unbedingt notwendig sind.
3. Aristoteles ist sich der Unvollständigkeit seiner Analyse der Freundschaft an dieser Stelle bewusst.
   a) Formuliert weitere Bestimmungen der Freundschaft. Geht dabei von folgenden Fragen aus:
      – Was erwarte ich von meinen Freunden?
      – Wozu fühle ich mich gegenüber meinen Freunden verpflichtet?
   b) Diskutiert eure Antworten.
4. Diskutiert folgenden Aspekt, über den Aristoteles ebenfalls nachdenkt, anhand von Beispielen:

In welchem Ausmaß darf man von Freunden erwarten, dass sie einem nützen bzw. einen unterstützen? In welchem Ausmaß ist man verpflichtet, Freunden zu nützen bzw. diese zu unterstützen?

5. Führt ein Schreibgespräch zu folgender Aussage: „In manchen Situationen muss man von seinem Freund Unparteilichkeit erwarten. Und in manchen Situationen darf man seinem Freund Unparteilichkeit zumuten."

Besondere Erwartungen – besondere Verpflichtungen

Erwartungen an Freunde unterscheiden sich von denjenigen an alle übrigen Menschen. Auch fühlen wir uns Freunden gegenüber auf besondere Weise verpflichtet.

Lange habe ich überlegt, ob ich mich outen soll, denn ich wollte auf keinen Fall meine Freunde verlieren. Dass ich schwul bin, wusste ich schon, seit ich 15 war. Mit 17 habe ich es dann nach langem Überlegen meinem besten Freund erzählt. Wir haben bei mir Playstation gespielt, als ich zu ihm sagte: „Ich glaube, ich bin schwul." Im Nachhinein war das vielleicht etwas dramatisch und zu emomäßig. Er dachte erst, das sei ein Scherz. Dann wurde er immer komischer und musste dringend weg. Ein paar Tage hörte ich nichts von ihm. Beim nächsten Basketballtraining hatte ich schon das Gefühl, dass etwas nicht stimmt. Kaum einer hat mit mir geredet, in der Dusche kamen saublöde Seifenwitze von einem aus unserer Mannschaft. Da wusste ich, dass mein vermeintlich bester Freund alles brühwarm weitererzählt hatte.

Michèle Loetzner: Wer ist hier schwul? Jugendmagazin der Süddeutschen Zeitung 1/2012, S. 23

6. Formuliert berechtigte Erwartungen, denen der Freund in diesem Text nicht nachkommt. Unterscheidet zwischen Erwartungen, die man an jeden Menschen stellen könnte, dem dieselben Informationen bekannt werden, und Erwartungen, die in dieser Situation gegenüber einem Freund geltend gemacht werden können. Diskutiert eure Ergebnisse.
7. Beschreibt die im Text geschilderten Ereignisse aus der Perspektive des Freundes.
8. Tauscht euch darüber aus, ob der Perspektivwechsel eure Einschätzungen verändert hat.
9. Schreibt eine Fortsetzung der Geschichte, in der beide Freunde sich wieder annähern. Wählt dabei eine der beiden Perspektiven.

Freundschaft und Kommunikation

Auf einem solchen Stuhl, vermutlich vor seiner Porträtsammlung von Freunden, schrieb der in Halberstadt lebende Dichter Johann Wilhelm Ludwig Gleim (1719–1803) mehrere tausend Briefe an seine weit entfernt lebenden Freunde.

10. Führt ein Schreibgespräch zu folgender Frage: „Welche Erwartungen lassen sich bezogen auf die Kommunikation mit Freunden begründen?"

Gleimstuhl aus dem Gleimhaus, Halberstadt

4.3 Liebe, Sexualität und der Respekt vor dem Anderen

Im Folgenden diskutieren wir den Zusammenhang von Liebe und menschlichen Beziehungen.

1. Nennt unterschiedliche Arten von Liebe. Orientiert euch dabei daran, welche Einsetzungen für *A* und *B* Ihr in dem Ausdruck *A liebt B* vornehmen könnt.
2. Bestimmt Ähnlichkeiten und Unterschiede zwischen den verschiedenen Arten von Liebe.
3. Untersucht den Zusammenhang zwischen Liebe und folgenden Beziehungen zum Anderen: *Wohlwollen, Vertrag, Unparteilichkeit, Achtung.* Diskutiert eure Ergebnisse.

I 3.1–3.4

Ich liebe Dich

Ich kann den Ausdruck nicht zergliedern, ohne zu lachen. Was! Es gäbe also einerseits ein ‚ich', andererseits ein ‚du' und dazwischen ein [...] affektives Bindeglied? [...] Lieben *existiert nicht im Infinitiv [...] Subjekt und Objekt kommen zur gleichen Zeit zu Wort, wann immer dies Gebilde ausgesprochen wird, und* ich-liebe-dich *muss beispielsweise nach Art des Ungarischen aufgefasst [...] werden, das mit einem Wort,* szeretlek *sagt [...].*

Roland Barthes: Fragmente einer Sprache der Liebe. Frankfurt/M. 1984, S. 136;

Aufg. 1+2

4. Charakterisiert Barthes' Verständnis von Liebe. Bezieht die Abbildung und andere bildliche Vorstellungen mit ein, welche euch beim Lesen des Textes einfallen.
5. Untersucht, in Bezug auf welche Arten der Liebe euch Barthes' Verständnis eher passend bzw. eher unpassend erscheint. Begründet eure Meinung.
6. Diskutiert, ob ihr eher Chancen oder eher Gefahren darin seht, Liebe so zu verstehen wie Barthes.

Liebe ist...

Die Liebe ist langmütig,/die Liebe ist gütig./Sie ereifert sich nicht,/sie prahlt nicht,/sie bläht sich nicht auf./Sie handelt nicht ungehörig,/sucht nicht ihren Vorteil,/lässt sich nicht zum Zorn reizen,/trägt das Böse nicht nach./Sie freut sich nicht über das Unrecht,/sondern freut sich an der Wahrheit./Sie erträgt alles,/glaubt alles,/hofft alles,/hält allem stand.

Paulus, 1. Korintherbrief 13, 4–7

Love is the king of the beasts/And when it gets hungry it must kill to eat.

Bill Calahan: Eid Ma Clack Shaw. Sometimes I Wish We Were an Eagle. Drag City 2009

Gustav Klimt, Die Umarmung (1905–1909)

7. Vergleicht, wie die beiden Texte den Zusammenhang von Liebe und menschlichen Affekten beschreiben. Untersucht, welche unterschiedlichen Konsequenzen für das Leben des Liebenden und des geliebten Menschen dadurch nahe gelegt werden.

Liebe und Sexualität

Lust kann als eine Art Feed-Back-Schleife betrachtet werden: A versucht B Lust zu bereiten. B bereitet, was A tut, tatsächlich Lust. Bs tatsächliche Lust bereitet wiederum A Lust, und diese Lust As bereitet B Lust, usw. … Lust ähnelt hier dem gemeinsamen Musizieren. Sie lässt sich mit einer Symphonie vergleichen und besteht keineswegs einfach aus körperlichen Empfindungen. Philosophen haben Lust aus diesem Grund oftmals nach dem Modell eines erregten Gesprächs verstanden. Allerdings setzt dieses Modell mehr Kontrollmöglichkeiten voraus als zu erwarten sind. Das Musizieren bietet einen besseren Vergleich, da wechselseitige Reaktionen dort mehr oder weniger unbewusst stattfinden können.

nach Simon Blackburn: Lust. New York 2003, S. 88–89

8. Erläutert die Bestandteile von Blackburns Metapher des Musizierens. Charakterisiert die Eigenart der sexuellen Beziehung, die er mit dieser Metapher zu beschreiben versucht.
9. Diskutiert, ob Blackburns Verständnis sexueller Beziehung euch als „Idealvorstellung" erscheint oder eher zu kritisieren ist.

Der Respekt vor dem Anderen – der Andere als Sache

Jemanden als Sache zu behandeln, kann darin bestehen:

1. *ihn als Werkzeug für eigene Zwecke zu gebrauchen,*
2. *ihm Selbstbestimmung und Selbstbestimmungsfähigkeit abzusprechen,*
3. *ihn als handlungsunfähig und inaktiv zu behandeln,*
4. *ihn als austauschbar zu behandeln mit Objekten derselben oder anderer Art,*
5. *ihn als etwas zu behandeln, dessen körperliche Grenzen und körperliche Unversehrtheit missachtet werden dürfen,*
6. *ihn als etwas zu behandeln, was Eigentum von jemandem sein und verkauft und gekauft werden darf,*
7. *ihn als etwas zu behandeln, dessen Erfahrungen und Gefühle nicht in Betracht gezogen werden müssen.*

nach Martha C. Nussbaum: Objectification, in: Philosophy and Public Affairs *24, 4 (1995), S. 257*

10. Entwickelt Beispiele, die diese unterschiedlichen Formen, jemanden als Sache zu behandeln, mit Bezug auf die Themen a) Liebe, b) Sexualität konkretisieren.
11. Diskutiert bezogen auf eure Beispiele, wie der Respekt vor der menschlichen Würde gegenüber der Instrumentalisierung von Menschen durchgesetzt werden könnte. Wer könnte dies mit welchen Mitteln erreichen? Was spricht für, was gegen solche Maßnahmen?

I 3.4

5 Das Eigene und das Fremde

5.1 Der Andere als Fremder

1. Zeichnet einen kleinen Kreis in einen großen. Im inneren Kreis soll der Begriff *Eigenes* und im äußeren der Begriff *Fremdes* stehen. Bildet Wortfelder zu beiden Begriffen und tragt sie ein.
2. Untersucht Synonyme, die wir für das Begriffspaar *Eigenes / Fremdes* verwenden, z. B. das Vertraute und das Nichtvertraute.
   a) Erläutert die Synonyme anhand von Beispielen und achtet darauf, wie sich eure Vorstellung vom Eigenen und Fremden verändert.
   b) Haltet eure Ergebnisse in einem Schaubild fest.
3. Beschreibt eure Gefühle, die mit der Vorstellung des Eigenen / des Fremden einhergehen.
4. Setzt euch in einem Schreibgespräch mit folgender Position auseinander:

Der Fremde ist immer der Andere.

Wenn einer auf die Reise geht …

Eine Möglichkeit, dem Fremden zu begegnen, ist das Reisen, bei dem man seinen Wohnort verlässt, um in die Fremde zu gehen.

Berlin-Fußmatte

5. Im letzten Satz taucht der Begriff *fremd* mehrfach auf. Unterscheidet seine Bedeutungen.
6. Untersucht, ob sich eure Vorstellung vom Fremden abhängig vom Ort, an dem ihr ihm / er euch begegnet, wandelt.
   a) Verändert sich euer Verhältnis zum Fremden je nach Reisegrund und Reiseziel?
   b) Verändert sich eure Vorstellung von Fremden und euer Verhalten gegenüber Fremden, je nachdem, ob jemand als Tourist, Austauschschüler, Reiseleiter, Einwanderer oder Emigrant an einen anderen Ort, in eine andere Region oder in ein anderes Land geht?
7. Die Abbildung stellt eine Fußmatte dar. Stellt euch vor, sie liegt vor eurer Tür. Schreibt eine Kurzgeschichte, in der ein Fremder / eine Fremde die Aufschrift der Fußmatte ernst nimmt.

Die anthropologische[16] Bedeutung des Reisens

I 1.2

8. Untersucht, in welchen Hinsichten man menschliches Leben als Reise bzw. den Menschen als Reisenden verstehen könnte.

Das Reisen bildet sehr, es entwöhnt von allen Vorurteilen des Volkes, des Glaubens, der Familie, der Erziehung. Es gibt den humanen, duldsamen Sinn, den allgemeinen Charakter. Wer dagegen nichts sah, was ihn in der Sphäre, worin er lebt, umgibt, hält leicht alles für notwendig und einzig in der Welt, weil es in seiner Heimat dafür gilt.

Immanuel Kant's Physische Geographie (1778–1793). Hrsg. von D. Friedrich Theodor Rink. Königsberg 1802, Bd. 1, S. 3

Puttrich: Immanuel Kant als Spaziergänger (1798)

9. Beschreibt, wie Kant die Bedeutung des Reisens begründet.
10. a) Was versteht ihr unter Vorurteilen gegenüber anderen Völkern oder Kulturen?
    b) Tragt Argumente / Gegenargumente zu Kants These über eine Entwöhnung von Vorurteilen durch das Reisen vor.
11. Was bedeutet der Begriff *Heimat* für euch? Bezieht Kants Aussage aus dem Text und die von Montaigne (1533–1592) aus dem Essay *Über die Kannibalen* ein:

Eigentlich lassen wir ja als richtig und vernünftig nur das gelten, was in dem Lande, wo wir sind, vorkommt und was zu den hier üblichen Anschauungen und Gebräuchen passt.

Michel de Montaigne: Über die Kannibalen (1580), zitiert nach: Die Essais. Ausgew., übertr. und eingel. von Arthur Franz. Stuttgart 1989, S. 109; © Philipp Reclam Jun. Gmbh & Co. KG, Stuttgart

Orientiert euch dabei an folgenden Fragen.
    a) Welche Orte verbindet ihr mit dem Begriff *Heimat*?
    b) Wie versteht ihr Kants Begriff *Heimat*?
    c) Überlegt, ob Kants Auffassung von Heimat der von Montaigne ähnelt.
    d) Welche Vorurteile sind mit dem Begriff *Heimat* verbunden?
12. Analysiert den Begriff *allgemeiner Charakter* des Menschen. Überlegt euch, weshalb Kant schreiben konnte, dass dieser sich durch das Reisen bildet.
13. Erläutert die folgende Aussage im Zusammenhang mit der Überschrift dieser Seite.

Man kann ja auch auf Reisen sehen, wie jeder Mensch dem anderen verwandt und freund ist.

Aristoteles: Nikomachische Ethik. Übers. von Olof Gigon. München 1991, VIII, 1, 1155 a 21–22

14. Fertigt eine Collage über den Menschen als Reisenden an.

---

16 Anthropologie (von griech. *anthropos* = Mensch und *logos* = Lehre) ist die Lehre vom Menschen, seiner Herkunft und seiner Geschichte. Das Reisen hat demnach für unsere Auffassung vom Menschen eine wesentliche Bedeutung.

5.2 Der Fremde als Gast

In vielen Kulturen ist es ein besonderes Recht des Fremden, als Gast aufgenommen zu werden. Dabei ist das Gastrecht auch ein Schutzrecht. Dazu gehört, dem Fremden Unterkunft und Nahrung zu gewähren.

1. Erläutert die Auffassung vom Fremden / vom Gast, die in der bekannten Formulierung: „sich als Gast in der Wohnung des anderen wie zu Hause zu fühlen" zum Ausdruck kommt.
2. Beschäftigt euch mit der Beziehung von Gast und Gastgeber, wenn der Gast ein Fremder ist.
   a) Überlegt, wodurch der Fremde zum Gast wird, haltet den wichtigsten Schritt in der Veränderung des Verhältnisses vom Fremden zum Gast fest, bezieht euch dabei auf Aufgabe 1 oben.
   b) Untersucht das Verhältnis von Geben und Nehmen in dieser Beziehung, indem ihr die Anforderungen an den Gastgeber und die Erwartungen an den Gast nennt.
   c) Wie würdet ihr die Beziehung beschreiben: Verpflichtung, Respekt, Wohlwollen, Vertrauen, Freundschaft etc.?
   d) Überlegt, warum wir niemanden als Gastnehmer bezeichnen.
3. Analysiert den Begriff „Gastarbeiter".

Recherchiert wie der Begriff „Gastarbeiter" entstanden ist.

Nähe und Ferne des Fremden

Der Soziologe Georg Simmel (1858–1918) fasst den Fremden als Wandernden auf.

4. Erläutert zunächst, was für jeden Wandernden charakteristisch ist.

Simmel bestimmt den Fremden als Wandernden noch genauer:

Es ist hier also der Fremde nicht […] gemeint, als der Wandernde, der heute kommt und morgen geht, sondern als der, der heute kommt und morgen bleibt – sozusagen der potenziell Wandernde […].

Georg Simmel: Exkurs über den Fremden (1908). Gesamtausgabe, Bd. 11. Frankfurt/M. 2001, S. 764;

5. Untersucht, wie ihr den Begriff *potenziell*[17] *Wandernder* versteht:
   a) Worin unterscheidet sich der Fremde als Wandernder vom Fremden als *potenziell Wandernder?*
   b) Erörtert, wie sich die Beziehung von Gast und Gastgeber ändert, wenn der Gastgeber als *potenziell Wandernder* verstanden wird.

---

17 Möglicherweise.

Wer ist Gast?

In seiner Novelle *Der Gast* (L'Hôte)[18] erzählt Albert Camus (1913–1960) folgende Geschichte, die kurz vor dem Krieg zwischen der französischen Kolonialmacht und der algerischen Unabhängigkeitsbewegung spielt.

Recherchiert über diesen Krieg.

Der Lehrer Daru, in Algerien geboren, aber französischer Herkunft, unterrichtet algerische Kinder in einer von bitterer Armut geprägten Region. Ein ihm bekannter Gendarm kommt mit einem gefangenen Algerier, der einen Verwandten ermordet haben soll, in die abgelegene Schule. Daru erhält den Auftrag, den Algerier am nächsten Tag in der 20 km entfernten, zuständigen Polizeistation abzuliefern. Er weigert sich, nimmt den Fremden jedoch bei sich auf und befreit ihn von seinen Fesseln. Nachdem der Gendarm sich entfernt hat, kocht Daru ein Nachtmahl, bewirtet seinen Gast und bereitet ihm ein Nachtlager in seinem Zimmer. Er schläft schlecht. Am nächsten Tag nach dem Frühstück bringt er den Fremden bis zu einer Anhöhe und zeigt ihm zwei Wege: den Weg zur Polizeistation und einen anderen über die Berge zu den Nomaden, deren Gesetz es gebietet, ihn aufzunehmen und zu beschützen. Daru gibt ihm Geld und Proviant für zwei Tage und kehrt um. Von einem Hügel aus sieht er, dass der Algerier den Weg zur Polizeistation einschlägt. Zurück in der Schule, liest er auf der Tafel die Botschaft: „Du hast unseren Bruder ausgeliefert. Das wirst du büßen."

nach Albert Camus: Der Gast (1957), in: Kleine Prosa. Übertr. ins Deutsche von Guido G. Meister, S. 125–139; © 1980 Rowohlt Verlag GmbH, Reinbek bei Hamburg

6. Analysiert die Begegnung zwischen Daru und seinem Gast:
   a) Beschreibt den Konflikt des Lehrers.
   b) Beurteilt seine Entscheidung, den Fremden nicht der Polizei zu übergeben.
7. a) Analysiert den Konflikt des Gastes.
   b) Setzt euch mit seiner Entscheidung, sich der Polizei zu stellen, auseinander.
8. Beachtet den Titel der Erzählung und erläutert, inwiefern der Gastgeber auch als Gast (Fremder) verstanden werden kann. Versucht auf dieser Grundlage, den Zusammenhang von Gast und Gastgeber zu hinterfragen.
9. Lest die Novelle vollständig.
   a) Findet weitere Differenzierungen im Verhältnis zwischen Gast und Gastgeber.
   b) Zeigt andere Lösungsmöglichkeiten des Konflikts auf.

18 L 'Hôte kann im Französischen sowohl Gastgeber als auch Gast heißen.

5.3 Der Mensch als Staatsbürger und als Weltbürger

Der Begriff *Staatsbürger* bezieht sich auf die rechtliche Zugehörigkeit eines Menschen zu einem Staat.

Untersucht am Beispiel von Mesut Özil (geb. 1988) den Zusammenhang zwischen Staatsbürgerschaft, Herkunft und Erwartungen anderer Menschen.

Kant bestimmte den Menschen nicht nur als Staatsbürger, sondern auch als *Weltbürger*.

1. Was stellt ihr euch unter einem Weltbürger vor?
2. Wonach wird eurer Meinung nach ein Mensch zum Weltbürger? Diskutiert über Voraussetzungen.
3. In welchem Zusammenhang stehen das Verständnis vom Menschen als Weltbürger und die Bildung eines allgemeinen menschlichen Charakters?

I 5.1

Der Fußballnationalspieler Mesut Özil

Kants Begründung des Weltbürgerrechts

Wissen

Immanuel Kant führt die Begründung dafür, dass der Mensch nicht nur Staatsbürger, sondern Weltbürger ist, auf die Kugelgestalt der Erdoberfläche zurück. Jeder Mensch lebt zwar nur auf einem begrenzten Gebiet der Erde, die Oberfläche der Erde aber gehört allen gemeinsam. Denn ursprünglich war es nicht festgelegt, an welchem Platz der Erde sich die Menschen ansiedeln durften. Außerdem sind sie alle gleichermaßen auf die Erde angewiesen, denn deren Oberfläche ist begrenzt und die Menschen können einander nicht ausweichen.

nach Immanuel Kant: Zum ewigen Frieden (1795). Akademieausgabe, Bd. VIII. Berlin 1923, S. 357–360

4. Arbeitet den Kern von Kants Argument heraus und gebt es mit eigenen Worten wieder.
5. Erklärt den Zusammenhang zwischen Kants Begründung des Weltbürgerrechts und der Bedeutung des Reisens für den Menschen.

I 5.1

Das Weltbürgerrecht auf Hospitalität[19]

In seiner Schrift *Zum ewigen Frieden* formuliert Kant 1795 rechtliche Bedingungen für die Entstehung einer friedlichen Weltordnung. Das Recht eines Fremden, auf dem Boden eines anderen nicht feindselig behandelt zu werden, wenn er sich friedlich verhält, bezeichnet Kant als allgemeines *Hospitalitätsrecht* oder als *Besuchsrecht*:

19 Weltbürgerrecht auf Hospitalität = Besuchsrecht.

Es [das Besuchsrecht] ist kein Gastrecht, *worauf dieser Anspruch machen kann (wozu ein besonderer wohltätiger* Vertrag *erfordert werden würde, ihn auf gewisse Zeit zum Hausgenossen zu machen), sondern ein* Besuchsrecht, *welches allen Menschen zusteht, sich zur Gesellschaft anzubieten […].*

Immanuel Kant: Zum ewigen Frieden (1795). Akademieausgabe, Bd. VIII. Berlin 1923, S. 358

I 3.2

6. Wie unterscheidet Kant Gastrecht und Besuchsrecht? Berücksichtigt eure Kenntnisse aus dem Abschnitt zum Vertrag.
7. Erläutert den Ausdruck sich *den Menschen zum Hausgenossen zu machen*, indem ihr die Art und Weise dieses Verhaltens zwischen den Menschen mit eigenen Worten beschreibt.

Der Missbrauch des Besuchsrechts

Vergleicht man […] das inhospitale *Betragen der gesitteten, vornehmlich handeltreibenden Staaten unseres Weltteils, so geht die Ungerechtigkeit, die sie in dem* Besuche *fremder Länder und Völker (welches ihnen mit dem* Erobern *derselben für einerlei gilt), beweisen, bis zum Erschrecken weit. Amerika, die Negerländer, die Gewürzinseln, das Kap etc. waren bei ihrer Entdeckung für sie Länder, die keinem angehörten; denn die Einwohner rechneten sie für nichts.*

Immanuel Kant: Zum ewigen Frieden (1795). Akademieausgabe, Bd. VIII. Berlin 1923, S. 358

8. Arbeitet heraus, in welcher Form Kant den Missbrauch des Besuchsrechts der handeltreibenden europäischen Staaten gegenüber fremden Ländern und Völkern kritisiert.

Da es nun mit der unter den Völkern der Erde einmal durchgängig überhand genommenen (engeren und weiteren) Gemeinschaft so weit gekommen ist, dass die Rechtsverletzung an einem *Platz der Erde an* allen *gefühlt wird: so ist die Idee des Weltbürgerrechts keine phantastische oder überspannte Vorstellungsart des Rechts […].*

Immanuel Kant: Zum ewigen Frieden (1795). Akademieausgabe, Bd. VIII. Berlin 1923, S. 360

9. Gebt Beispiele für Formen der genannten Rechtsverletzung und ihrer Wirkung auf euch.
   a) Begründet, weshalb nach Kant Gewalt und Unrecht an einem Platz der Erde an allen gefühlt werden können.
   b) Diskutiert, worauf die entstehenden Gefühle bezogen sind.

5.4 Pluralität: Menschen sind einander gleich und verschieden

Die Philosophin Hannah Arendt (1906–1975) bestimmt den Menschen als plurales Wesen. Damit betont sie, dass Menschen, sobald sie auf die Welt kommen, unter Menschen leben und insofern gleichartig sind. Zum anderen aber unterscheiden sie sich grundlegend voneinander und erfahren dadurch ihre Besonderheit.

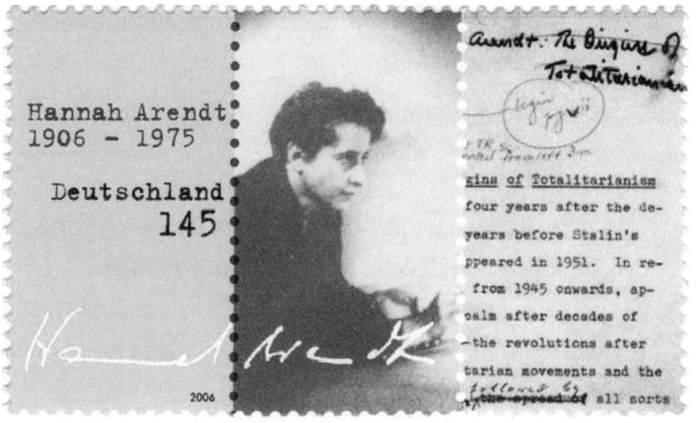

1. Erklärt, was ihr unter der Gleichartigkeit und unter der Verschiedenheit der Menschen versteht und worin sie zum Ausdruck kommen. Berücksichtigt dabei Begriffe wie Individuum, Kultur, Religion, Recht, Politik und Sprache.

Arendts Begriff der Pluralität

Recherchiert, weshalb sich Arendt intensiv mit Diktaturen wie dem Faschismus und dem Stalinismus auseinandergesetzt hat. Erschließt Zusammenhänge aus Arendts Biografie.

Das Faktum menschlicher Pluralität, die grundsätzliche Bedingung des Handelns und des Sprechens, manifestiert sich auf zweierlei Art, als Gleichheit und als Verschiedenheit. Ohne Gleichartigkeit gäbe es keine Verständigung unter Lebenden, kein Verstehen der Toten und kein Planen für eine Welt, die nicht mehr von uns, aber doch immer von unseresgleichen bevölkert sein wird. Ohne Verschiedenheit, das absolute Verschiedensein jeder Person von jeder anderen, die ist, war und sein wird, bedürfe es weder der Sprache noch des Handelns für eine Verständigung; eine Zeichen- und Lautsprache wäre hinreichend, um einander im Notfall die allen gleichen, immer identisch bleibenden Bedürfnisse und Notdürfte anzuzeigen.

Hannah Arendt: Vita activa oder Vom tätigen Leben. München 1987, S. 164;

2. Bezieht Arendts Überlegungen auf das Streitgespräch, wie ihr es aus dem Ethikunterricht kennt.
   a) Erläutert, in welcher Weise eure Verschiedenheit und eure Gleichartigkeit in Streitgesprächen zum Ausdruck kommen.
   b) Analysiert die beiden Begriffe der Wortverbindung *Streitgespräch* mit Bezug auf Arendts Text.

Die Einzigartigkeit des Menschen und die Moral

Die Auffassung von der Pluralität des Menschen trägt dazu bei, unser Verständnis der Moral zu schärfen. Durch die vielfältigen Bezüge zu Anderen können wir uns ihre unterschiedlichen Standpunkte vergegenwärtigen. Wir können sie missbilligen oder billigen, sie ablehnen oder ihnen zustimmen, aber auch als *Beispiel* im Sinne eines *Vorbildes* wählen.

[So] ist das Beispiel dafür da, uns mit einem Qualitätsunterschied zu versorgen [...]. Beispiele [...] sind auch und vor allem die Wegweiser allen moralischen Denkens. [...] Wir urteilen und unterscheiden Recht von Unrecht, indem wir in unserem Kopf eine zeitlich und räumlich abwesende Person oder einen Fall gegenwärtig haben, die zu Beispielen geworden sind.

Hannah Arendt: Über das Böse. Eine Vorlesung zu Fragen der Ethik. München 2006, S. 146–148;

3. Erläutert anhand von Beispielen, welche Rolle Vorbilder für euch spielen, wenn ihr eine moralische Entscheidung trefft.
4. Begründet, weshalb der Auswahl von Beispielen eine zentrale Bedeutung für die Bildung des moralischen Urteils zukommt? Bezieht den Begriff des Wegweisers aus dem Zitat ein.

Diese Gesellschaft wird durch Denken in Beispielen ausgewählt, in Beispielen von toten oder lebenden wirklichen oder fiktiven Personen und Beispielen von vergangenen und gegenwärtigen Ereignissen. In dem unwahrscheinlichen Fall, dass jemand daherkommen könnte und uns erzählte, er würde gern mit Ritter Blaubart zusammen sein, ihn also zum Beispiel wählen, ist das einzige, was wir tun können, dafür zu sorgen, dass er niemals in unsere Nähe gelangt.

Hannah Arendt: Über das Böse. Eine Vorlesung zu Fragen der Ethik, S. 149;

5. Untersucht, ob es fiktive Figuren gibt, die für euch Beispiele sind.

Recherchiert zu Ritter Blaubart und erläutert Arendts Aussage.

6. Bestimmt den Zusammenhang zwischen der Wahl eurer Beispiele und euch selbst bzw. eurem Verständnis des Guten.

5.5 Der Umgang mit Eigenem und Fremdem: philosophische Übungen

Auf dieser Doppelseite greifen wir eine Form der Ethik aus der Antike auf: gedankliche Übungen, die helfen sollen, ethische Überlegungen in den eigenen Alltag einzubringen.

Ein Augenblick täglich

Sich jeden Tag in die Höhe emporschwingen! Zumindest einen Augenblick lang; er kann kurz sein, vorausgesetzt, er ist intensiv. Jeden Tag eine ‚geistige Übung' – allein oder zusammen mit einem anderen Menschen, der sich selbst auch bessern will. […] Aus der Dauer heraustreten. Bemüht sein, die eigenen Leidenschaften und Eitelkeiten abzustreifen wie auch den Kitzel des Lärms um den eigenen Namen […]. Das Mitleid und den Hass abstreifen. Alle freien Menschen lieben. Sich verewigen, indem man über sich selbst hinauswächst.

George P. Friedmann, zitiert nach: Pierre Hadot: Philosophie als Lebensform. Berlin 1991, S. 13

1. Legt eine Tabelle an.
   a) Notiert in der ersten Spalte die einzelnen Forderungen, die der Text formuliert.
   b) Interpretiert, was jeweils mit diesen Forderungen gemeint sein könnte, indem ihr sie durch Beispiele erläutert.
   c) Klärt die Bedeutung von Forderungen, die euch merkwürdig vorkommen, im Gespräch. Notiert die Ergebnisse der Untersuchungen b) und c) in einer zweiten Spalte der Tabelle.

2. Notiert für einen bestimmten Zeitraum (z. B. eine Woche lang, jeden Abend) in der dritten Spalte der Tabelle „Augenblicke", in denen es euch gelungen ist, einzelne Forderungen des Textes zu erfüllen. Ihr könnt auch Situationen notieren, in denen ihr Forderungen des Textes nicht erfüllt habt, aber hättet erfüllen können.
3. Die Tabellen sind für euch allein bestimmt. Formuliert jedoch Beobachtungen darüber, was über den längeren Zeitraum durch die Beachtung der unterschiedlichen Forderungen bewirkt wurde. Stellt diese Ergebnisse in der Klasse vor.

Jeden Morgen

Am Morgen sollte man sich sagen: Ich werde mit einem beschränkten, undankbaren, unverschämten, falschen, missgünstigen und unverträglichen Kerl zusammentreffen. Alle diese Eigenschaften besitzen die Leute, weil sie nicht wissen, was gut und böse ist. Da ich aber das Wesen des Guten erkannt habe, dass es schön ist, und des Bösen, dass es hässlich ist, und das Wesen dessen, der alles falsch macht, dass er mir verwandt ist [...], kann ich weder von einem dieser Leute geschädigt werden – denn in Hässliches wird mich niemand verstricken – noch kann ich meinem Verwandten zürnen oder sein Feind sein. Denn wir sind da, um zusammenzuarbeiten, wie die Füße, Hände, Augenlider oder die Reihen der oberen und unteren Zähne. Gegeneinander zu arbeiten wäre gegen die Natur. Man arbeitet aber gegeneinander, wenn man ärgerlich ist und sich abwendet.

Marc Aurel: Wege zu sich selbst. Hrsg. und übers. von Rainer Nickel. Berlin 1990, II, 1, S. 27;

4. Erläutert, wie dieser Text des römischen Kaisers und Philosophen Marc Aurel (121–180 n. Chr.) die Beziehung zum Anderen charakterisiert und welche Handlungsempfehlungen er formuliert.
5. Entwickelt szenische Darstellungen, die eine Situation beschreiben, in welcher die Handlungsempfehlungen des Textes angewendet werden könnten.
6. Stellt euch eure Szenen vor. Lasst jeweils Mitschülerinnen und Mitschüler die Rollen übernehmen und die Szenen weiterspielen:
   a) entsprechend den Handlungsempfehlungen des Textes;
   b) entgegen den Handlungsempfehlungen des Textes.
7. Schreibt den Text ab und lest ihn über einen längeren Zeitraum (z. B. eine Woche) jeden Morgen. Formuliert Beobachtungen darüber, was diese Übung bewirkt, und tauscht euch über die Ergebnisse aus.

Aufstand der Würde

8. Führt über einen längeren Zeitraum (z. B. eine Woche) ein Tagebuch, in dem ihr Beobachtungen zum Begriff der Würde festhaltet. Ihr könnt auch Bilder, Texte aus Büchern und Zeitschriften sowie Ausdrucke aus dem Internet einkleben.
9. Schreibt ausgehend von eurem Tagebuch einen fiktiven Text (Erzählung, Kurzfilmdrehbuch, Theaterszene) „Aufstand der Würde", in dem ihr einige euch besonders wichtige Beobachtungen bzw. Materialien aufgreift. Stellt die Ergebnisse einander vor.

Graffiti, Berlin, Nähe U-Bahnhof Eberswalder Str. (2012)

II Glück und Moral

1 Das Glück als ein Gut

1.1 Glück erfahren – Glückserfahrungen

In diesem Kapitel beschäftigen wir uns mit dem Zusammenhang zwischen Glück und Moral. Wir gehen davon aus, dass jeder von euch Glück erfahren hat und über das Glück nachdenkt.

- Glück bedeutet für mich: Geld, viel Freizeit, tolle Freunde. Außerdem möchte ich viel reisen, die Welt kennenlernen.
- Ich traue dem Gerede vom Glück nicht so recht. Beim Glück denke ich meist an Kitsch oder Schnulzenfilme, an verlogene Werbung.
- Glück ist ein Hochgefühl, man fühlt sich so richtig super. Das bekommt man aber nur mit, wenn man auch mal richtig unten, also unglücklich, war. Beides gehört zum Leben.
- Ich finde es schwer, eine Definition für Glück zu finden. Jeder versteht doch etwas anderes darunter.
- Ich denke, Glück hängt immer von den jeweiligen Lebensumständen ab.
- Glück bedeutet für mich ein guter Mensch zu sein, Anerkennung zu finden.
- Was hat das Gute mit dem Glück zu tun?
- Es gibt gute Menschen, die nicht glücklich sind.
- Ob ich glücklich bin, geht keinen etwas an.

1. Ergänzt die Liste, indem ihr über eigene Glückserfahrungen nachdenkt und sie notiert. Vergleicht sie mit den geäußerten Ansichten.
2. Führt ein Schreibgespräch zu einer der oben geäußerten Ansichten.

1.2 Die Vielfalt des Glücks ausdrücken

Glück wird ganz unterschiedlich erfahren und aufgefasst. Mit Hilfe von Wortverbindungen, die den Begriff enthalten, können wir unser Glücksverständnis strukturieren.

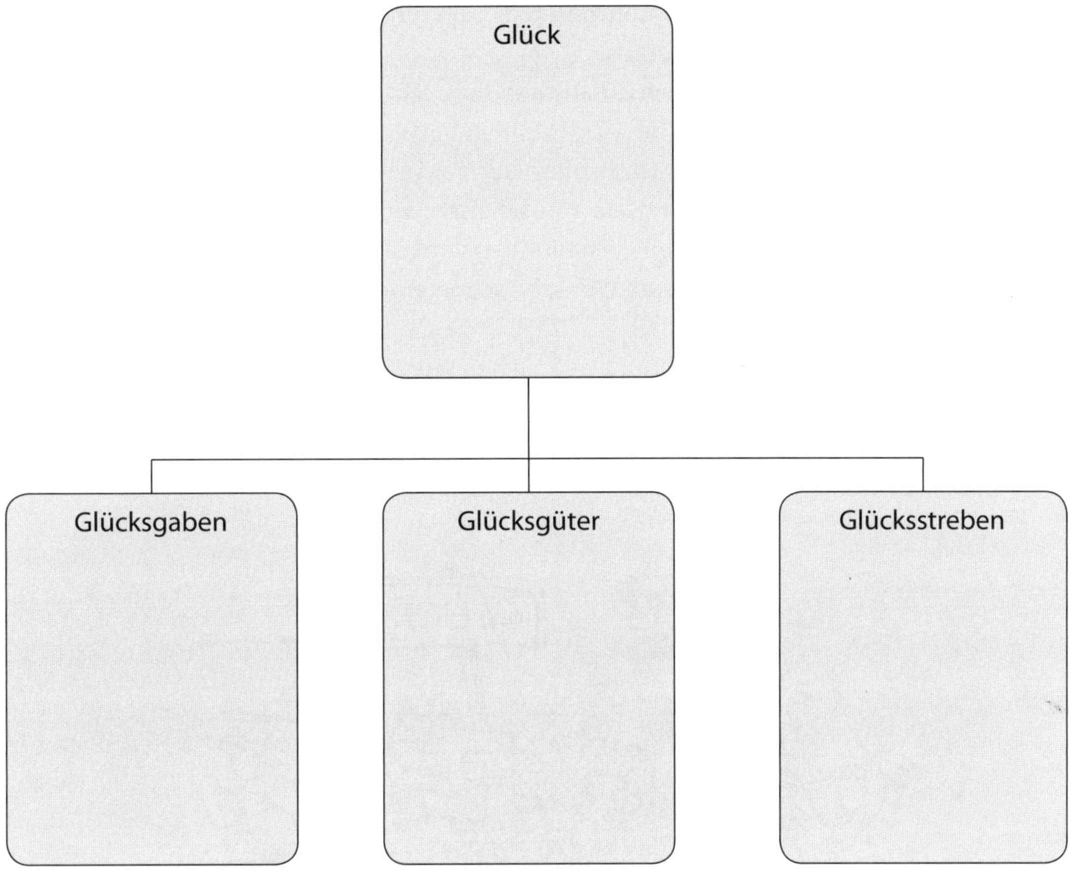

3. Schreibt in den jeweiligen Kasten, was ihr euch unter dem Begriff vorstellt, und erläutert diesen durch Beispiele. Bezieht folgende Hinweise ein:
   - Zu den Glücksgaben zählen u. a. körperliche und geistige Vorzüge, soziale Herkunft und Gesundheit.
   - Zu den Glücksgütern gehören erwerbbare Gegenstände, die das Leben angenehm machen können und die wir deshalb besitzen möchten.
   - Das Glücksstreben verweist auf die Selbstbezogenheit des Glücks.
4. Überlegt euch, welcher Zusammenhang zwischen Glücksgaben, Glücksgütern, Glücksstreben und dem Glück besteht.
5. Bildet Wortverbindungen, die den Begriff *Glück* enthalten. Orientiert euch am Diagramm.
6. Entwickelt selbst ein Diagramm, in das ihr Wortverbindungen mit dem Wort *Glück* eintragt, die ihr für besonders wichtig haltet (z.B. Glücksgefühle, Lebensglück).
7. Findet eine Form der graphischen Darstellung, durch die der Zusammenhang zwischen den Aspekten des Glücks erfasst werden kann.
8. Erläutert eure Darstellung und begründet eure Wahl.

1.3 Glück als Wunsch

Ein weiterer Hinweis zum Verständnis des Glücks ist in unseren Wünschen enthalten.

1. Stellt auf der Grundlage eigener Erfahrungen Glückwünsche zusammen:
   a) Arbeitet Gemeinsamkeiten dieser Wünsche – bei aller Verschiedenheit der Adressaten – heraus.
   b) Prüft, ob es einen Zusammenhang gibt zwischen dem, was wir uns und anderen wünschen.
   c) Überlegt, ob *Glück* insofern auch auf etwas zielt, was jeder Mensch erstrebt.
   d) Beachtet, dass unsere Wünsche sehr vielfältig sind und sich häufig ändern. Ähneln sie darin unseren Vorstellungen vom *Glück*?
2. Überlegt, ob sich eure Wünsche schon einmal geändert haben. Nennt und erläutert Beispiele!
3. Habt ihr euch in euren persönlichen Wünschen vielleicht auch schon getäuscht? Nennt auch hier Beispiele und erklärt sie euch gegenseitig. Berücksichtigt besonders, wie diese Täuschungen entstanden sind und ob sie hätten vermieden werden können.
4. Bezieht die Karikatur in eure Überlegungen mit ein.

Jan Tomaschoff, Glück (1996)

Ja, renn nur nach dem Glück
Doch renne nicht zu sehr!
Denn alle rennen nach dem Glück
Das Glück rennt hinterher.

Bertolt Brecht: Die Dreigroschenoper (1928).
Werke, Bd. 2. Hrsg. von Werner Hecht u. a. Frankfurt/M. 1988, S. 291

5. Erläutert, wie das Verhältnis des Menschen zum Glück in diesem Textauszug geschildert wird.

1.4 Die Vielfalt des Glücks erfassen

An der Veränderung unserer Wünsche können wir erkennen, wie sich unsere Vorstellungen vom Glück wandeln. Täuschungen in unseren Vorstellungen über das Glück enthalten den wichtigen Hinweis, dass sich bisherige Glücksauffassungen korrigieren lassen. Das Streben nach dem Glück selbst aber geben wir nicht auf. Daran sehen wir zugleich, dass Glück wichtig für uns ist und für uns selbst etwas Gutes darstellt.

Diesen Gedanken wollen wir durch die Unterscheidung von Glück als etwas für uns selbst *Gutem* und Glücks*gütern* vertiefen.

Wissen

Was Menschen schaffen oder herstellen, sind *Güter*. Gebrauchsgegenstände sind Güter, auch Luxuswaren gehören dazu. Ihnen wird oft eine Bedeutung für unser Glücksstreben zugeschrieben, sie können diese jedoch auch wieder verlieren. So begehren wir manche Gegenstände lange, später verblasst ihr Wert für uns und wir nehmen mit Verwunderung zur Kenntnis, wie wertvoll dieser Gegenstand uns einmal war.

---

6. Erläutert den letzten Satz anhand von Beispielen!

Projekte

7. Untersucht die Vielfalt von Glücksvorstellungen und ihre Veränderung.
   - Eine Gruppe führt eine Umfrage zum Thema „Was ist Glück?" durch.
     a) Interviewt Mitschüler unterschiedlicher Jahrgänge, Lehrer, Eltern, Großeltern, Fremde.
     b) Fragt eure Interviewpartner auch danach, wie sich ihre Glücksvorstellungen geändert haben und was sie unter Glückstäuschungen verstehen.
     c) Präsentiert das Ergebnis in einer Mappe, Collage oder einer anderen, selbst gewählten Art.
   - Eine zweite Gruppe untersucht ein Forum im Internet zum Thema „Glück" unter den gleichen Fragestellungen.
   - Eine dritte Gruppe analysiert Texte (Jugendzeitschriften, Märchen: *Hans im Glück, Der Fischer und seine Frau*, Erich Kästners *Märchen vom Glück*, Werbetexte usw.) oder einen Film unter Berücksichtigung des Wandels der Glücksvorstellungen.
8. Nach der Erfassung der Ergebnisse geht jede Gruppe folgendermaßen vor.
   a) Untersucht, welche Auffassungen vom *Guten* in den Glücksbestimmungen zum Ausdruck kommen.
   b) Unterscheidet zwischen dem für uns selbst *Guten* und den *Gütern*.
   c) Stellt die eurer Meinung nach wichtigsten Glücksauffassungen zusammen.
   d) Vergleicht diese für euch wichtigsten Glücksauffassungen mit dem, was wir uns und anderen wünschen. II 1.3

1.5 Glück im Sprichwort

1. Untersucht Sprichwörter, die sich auf das Glück beziehen. Ihr könnt dabei die folgende Abbildung sowie die unten angegebene Auswahl einbeziehen:
   a) Fasst zusammen, welche Auffassungen vom Glück in den genannten Sprichwörtern vertreten werden.
   b) Prüft, ob die Sprichwörter zutreffen.

Glück kann man verdoppeln, wenn man es teilt.
Das Glück muss man erobern.
Das Glück des einen ist das Unglück des anderen.
Ein mäßiges Glück ist das ehrlichste und rühmlichste.

2. a) Wir nennen das Verständnis, das in Sprichwörtern zum Ausdruck kommt, auch ein *populäres Verständnis*. Gebt mit eigenen Worten wieder, was ihr unter *populär* versteht.
   b) Überlegt, warum wir die Auffassungen über das Glück in den Sprichwörtern als *populär* bezeichnen.
   c) Welche Rolle spielen Sprichwörter für euer Verhalten?
   d) Orientiert ihr euch an Sprichwörtern? Setzt euch kritisch mit der Orientierung, die in Sprichwörtern geben wird, auseinander.
3. Beschäftigt euch ausführlich mit dem Sprichwort „Jeder ist seines Glückes Schmied."
   a) Überlegt, warum man beim im Foto dargestellten Sprichwort den Bezug zum Handwerk des Schmiedens gefunden hat.
   b) Bestimmt die Besonderheit dieser Auffassung vom Glück, indem ihr sie mit anderen Auffassungen, die ihr schon kennengelernt habt, vergleicht.
   c) Haltet euer Ergebnis fest.

1.6 Glück als Gefühl

4. Erzählt von Erlebnissen, bei denen ihr euch glücklich gefühlt habt.
   a) Beschreibt diese Erlebnisse mit anderen Begriffen wie *Freude, Spaß, Vergnügen* usw.
   b) Untersucht diese Erlebnisse hinsichtlich ihrer Bedingungen, ihres Inhalts, ihrer Dauer und Intensität. Haltet das Ergebnis in einer Tabelle fest und vergleicht eure Ergebnisse.
5. Ordnet die beschriebenen Erlebnisse nach ihrer Wichtigkeit für euch.
6. Tauscht euch über den Zusammenhang zwischen Wichtigkeit des Erlebnisses und Intensität des Glücksgefühls aus.

I 1.2

7. Erinnert euch an die Landkarte des für euch Guten. Prüft, ob das, was ihr in eurem Leben für gut und wichtig haltet, mit eurem Verständnis des Glücks etwas zu tun hat.
8. Haltet das Ergebnis fest, indem ihr einen Essay über diesen Zusammenhang schreibt.

Gefühlsgrade

II 4.2–4.3
IV 2.3

Der englische Philosoph John Stuart Mill (1806–1873), mit dessen Auffassungen über das Glück und über die Gerechtigkeit wir uns beschäftigen werden, betont, dass die Vielschichtigkeit des Glücks in unterschiedlichen Gefühlsgraden erlebt wird:

Freilich, versteht man unter Glück das Fortdauern einer im höchsten Grade lustvollen Erregung, dann ist die Unerreichbarkeit von Glück nur zu offensichtlich. Der Zustand der Überschwenglichkeit hält höchstens einige Augenblicke, in einigen Fällen – mit Unterbrechungen – auch Stunden und Tage an; er ist das gelegentliche helle Auflodern der Flamme, nicht die beständige und fortdauernde Glut.

John Stuart Mill: Der Utilitarismus (1863), zitiert nach: Utilitarianism / Der Utilitarismus. Übers. und hrsg. von Dieter Birnbacher. Stuttgart 2008, Kap. 2, S. 41; © Philipp Reclam jun. GmbH & Co. KG, Stuttgart

9. Charakterisiert Mills Auffassung über das Glück als Hochgefühl.
10. Beschreibt das Gefühl höchsten Glücks und Situationen, in denen ihr es erlebt habt.
    a) Tauscht euch über diese Erlebnisse aus.
    b) Überlegt, ob ihr Mill zustimmen könnt, und begründet eure Position.

Mill schreibt weiter, Glück wäre:

[...] nicht ein Leben überschwenglicher Verzückung, sondern einzelne Augenblicke des Überschwangs inmitten eines Daseins, das [...] viele und vielfältige Freuden enthält [...] und dessen Grundhaltung es ist, nicht mehr vom Leben zu erwarten als es geben kann.

John Stuart Mill: Der Utilitarismus (1863), zitiert nach: Utilitarianism / Der Utilitarismus. Übers. und hrsg. von Dieter Birnbacher. Stuttgart 2008, Kap. 2, S. 41; © Philipp Reclam jun. GmbH & Co. KG, Stuttgart

11. Erläutert Mills Auffassung anhand von Beispielen. Zeichnet ein Koordinatensystem, in das ihr auf der x-Achse Glückserlebnisse und auf der y-Achse die entsprechenden Gefühlsgrade, die ihr damit verbindet, eintragt.

1.7 Nach dem Glück suchen

Wir stellen euch die Titelfigur aus *Hectors Reisen* vor. Hector findet auf der Suche nach dem Glück 23 Antworten und bezeichnet diese als „Lektionen". Im folgenden Kasten lernt ihr eine Auswahl der Lektionen kennen:

1. Vergleiche anzustellen ist ein gutes Mittel, sich sein Glück zu vermiesen.
3. Viele Leute sehen ihr Glück nur in der Zukunft.
4. Viele Leute denken, dass Glück bedeutet, reicher oder mächtiger zu sein.
7. Es ist ein Irrtum zu glauben, Glück wäre das Ziel.
8.a Glück ist, mit den Menschen zusammen zu sein, die man liebt.
10. Glück ist, eine Beschäftigung zu haben, die man liebt.
12. Glück ist schwieriger in einem Land, das von schlechten Leuten regiert wird.
15. Glück ist, wenn man sich rundum lebendig fühlt.
17. Glück ist, wenn man an das Glück der Leute denkt, die man liebt.
19. Sonne und Meer sind ein Glück für alle Menschen.
20. Glück ist eine Sichtweise auf die Dinge.
21. Rivalität ist ein schlimmes Gift für das Glück.

François Lelord: Hectors Reise oder die Suche nach dem Glück. München 2004, S. 142–143, S. 163–165;

1. Erklärt euer Verständnis dieser Aussagen. Belegt eure Lesart / Interpretation mit eigenen Beispielen.
2. Untersucht die Antworten nach folgenden Gesichtspunkten:
   a) Welche Antworten haltet ihr für unverzichtbar, welche für zweitrangig?
   b) Lässt sich eine Rangordnung aufstellen bzw. lassen sich Gruppen bilden?
   c) Unterscheidet subjektive und objektive Bedingungen des Glücks.
   d) Inwiefern lässt sich ein Zusammenhang zwischen unserem Verständnis des *Glücks* und des *Guten* erkennen?
3. Formuliert selbst Lektionen des Glücks auf der Grundlage eurer Erfahrungen. Bemüht euch dabei darum, dass in diesen knappen Sätzen wesentliche Merkmale des Glücks zum Ausdruck kommen.
4. Recherchiert alle 23 Lektionen aus dem Buch und stellt sie in der Klasse vor. Nutzt für die Vorstellung die oben beschriebenen Gesichtspunkte.
5. Legt dar, wie ihr einem Mitschüler den Zusammenhang zwischen einer Reise und dem Glück erläutern würdet.

6. Beschreibt das Gemälde Chagalls.
   a) Überlegt, ob sich Verbindungen zwischen den Aussagen des Bildes und den Lektionen Hectors herstellen lassen.
   b) Gebt die hier dargestellte Glücksauffassung möglichst präzise wieder.

Marc Chagall, Der Spaziergang (1929)

7. Vergleicht die Ergebnisse eurer bisherigen Beschäftigung mit den Glücksvorstellungen mit folgenden Aussagen:

Die Vorstellungen vom Glück unterscheiden sich stark, weil sie den Einzelnen selbst betreffen.

Glück lässt sich nicht genau bestimmen. Jeder strebt danach, aber es ist mit keinem konkreten Ziel erreicht.

Im Begriff des Glücks lässt sich das bündeln, was jeder erstrebt und nicht aufgeben will, weil es für ihn gut ist.

So unterschiedlich die Glücksvorstellungen auch sind, sie enthalten Vorstellungen vom Guten, die alle Menschen verbinden.

Jeder will glücklich sein, deshalb bedarf es keiner Aufforderung, nach dem Glück zu streben.

8. Schreibt einen Essay, in dem möglichst viele dieser Aussagen über das Glück eine Rolle spielen.

2 Glück und Moral – ein Konflikt?

2.1 Was hat das Glück mit der Moral zu tun?

Die Moral beschäftigt sich mit dem Problem des Guten. Deshalb wollen wir genauer untersuchen, wie wir das Gute verstehen. Der Begriff *gut* kommt in ganz unterschiedlichen Zusammenhängen vor, wir sprechen vom *guten Essen*, vom *guten Freund* oder darüber, *gut drauf* zu sein, ein *gutes Gefühl* zu haben usw. Nicht alle Verwendungsweisen stehen in einem Zusammenhang mit der Moral.

1. Untersucht mithilfe der Tabelle, was den moralischen Gebrauch des Wortes *gut* vom nicht moralischen unterscheidet:

Hoffentlich haben wir gutes Wetter.	Deine Idee ist gut.	Du hast gut gehandelt.
Hannah ist ein guter Mensch.	Schade niemandem.	Gib mir ein gutes Messer.
Du sollst Menschen in Not helfen.	Sarah ist ehrlich.	Versprechen sollst du halten.
Georg Friedrich Wilhelm ist ein guter Koch.	Du könntest dich ruhig ein wenig nützlich machen.	Ein gutes Leben ist ein gelungenes Leben.

2. Ordnet die Sätze nach folgenden Gesichtspunkten in drei Gruppen.
   a) Sortiert zunächst die Beispiele aus, welche nicht aus dem Bereich der Moral stammen. Begründet euer Vorgehen.
   b) Ordnet in die zweite Gruppe jene Beispiele, die eindeutig in den Bereich der Moral gehören. Begründet auch hier eure Zuordnung.
   c) Wenn ihr Sätze findet, die sich nicht eindeutig zuordnen lassen, nehmt sie in eine dritte Gruppe auf.
   d) Nicht alle Sätze enthalten den Ausdruck *gut*, versucht herauszufinden, ob sie dennoch aus dem Bereich der Moral stammen.

Die Sprache der Moral

3. Überprüft eure Zuordnung der Beispiele in den Bereich der Moral mit Hilfe ethischen Grundwissens.

Moral wird in allgemeinen Handlungsanweisungen (Verboten, Geboten, Erlaubnissen) ausgedrückt, die von jedem Anerkennung fordern.
Verbote zielen auf das, was sich nicht mit der Moral vereinbaren lässt.
Gebote weisen auf das moralisch Geforderte.
Beide werden vom Handelnden durch ein *Sollen* erfasst und sind auf *Normen* bezogen.
Moralische Normen sind Beurteilungsmaßstäbe für gutes und schlechtes Handeln, sie sind begründet und innerhalb der Gesellschaft in unterschiedlichem Maß anerkannt.

Wir werden mit moralischen Normen konfrontiert, wenn die anderen von uns fordern, dass wir ihnen zum Beispiel keinen Schaden zufügen (Schädigungsverbot) oder dass ihnen geholfen wird, wenn sie in Not sind (Hilfsgebot). Diese beiden Normen sind uns aus Tabelle 1 bereits vertraut.

4. Findet die entsprechenden Beispiele heraus.
5. Prüft, ob das Schädigungsverbot oder das Hilfsgebot einen Bezug zum Glücksverständnis enthalten. Erläutert eure Antwort an Beispielen. Berücksichtigt dabei folgende Fragen:
   a) Beeinflussen andere die Grundlagen unseres Glücks, wenn sie uns helfen oder nicht schädigen?
   b) Wer verbirgt sich hinter der Bezeichnung *der Andere*, wer kann *der Andere* sein, wer *die Andere*?
   c) Und wer könnte *ein Anderer* sein?
   d) Ist eher *jeder Andere* gemeint? Wird durch die Moral gefordert oder geboten, grundsätzlich keinen zu schädigen und jedem zu helfen, der in einer Notsituation ist?
6. Formuliert abschließend mit eigenen Worten den Zusammenhang zwischen Moral und Glück.

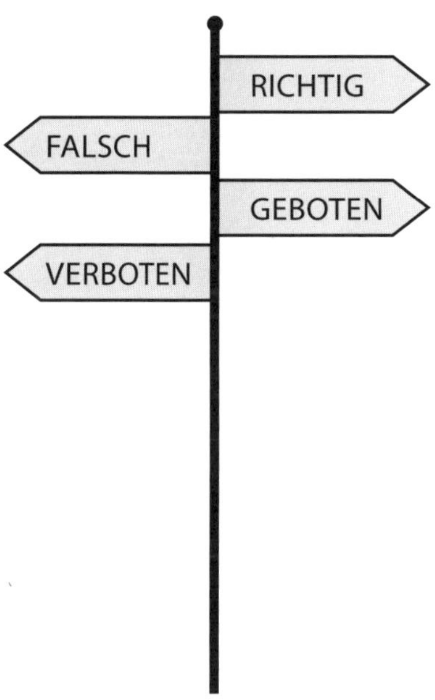

2.2 Das Maß des Glücks

II 2.1

Bislang haben wir uns über unsere Auffassungen von Moral und Glück verständigt.

Die Moral tritt uns eher in Forderungen entgegen, denen wir uns schwer entziehen können, das Glück dagegen ist gewollt. Anders gesagt: Jeder kann zum Einhalten von moralischen Normen verpflichtet werden, aber nicht zum Glück. Damit scheinen sich Glück und Moral nur schwer vereinbaren zu lassen.

II 1.3

Wir haben auch gesehen, dass zum Glück Vorstellungen über das Gute gehören, die viele, vielleicht alle Menschen teilen.

Um diesen Gedanken zu verfolgen, beschäftigen wir uns mit der Glücksauffassung des Philosophen Epikur (341 v. Chr. – 270 v. Chr.). Diese ist uns in Ratschlägen aus Briefen an seinen jungen Freund Menoikeus und in vielen Fragmenten (in Bruchstücken erhaltenen Resten seines Werks) überliefert.

Raffael, Epikur – Ausschnitt aus: Die Schule von Athen (1510/11)

Informiert euch über den Philosophen Epikur. Bezieht dabei die Abbildung mit ein.

Von Epikur ist uns folgender Ratschlag bekannt:

Des Fleisches Stimme ist: Nicht hungern, nicht dürsten, nicht frieren! Denn wenn einer dies besitzt und erwarten kann, es zukünftig zu besitzen, könnte er selbst mit Zeus[1] um das Glück wetteifern.

Epikur: Briefe, Sprüche, Werkfragmente. Übers. und hrsg. von Hans-Wolfgang Krautz. Stuttgart 1980, S. 87;

1. Gebt die Hauptgedanken des Ratschlags mit eigenen Worten wieder.
2. Bestimmt Epikurs Auffassung des Glücks genauer, indem ihr den Hinweis auf Zeus einbezieht.
3. Legt eine Skala an, in die ihr beide Gesichtspunkte, unter denen Epikur das Glück betrachtet, eintragt. Versteht ihr, weshalb Epikur sie verbindet?
4. Epikurs Auffassung ist als Ratschlag formuliert.
   a) An wen wendet er sich?
   b) Erörtert, warum er diese Form der Darstellung wählt.
   c) Lassen sich daraus Rückschlüsse auf sein Glücksverständnis ziehen?
5. Beurteilt die These Epikurs.
   a) Diskutiert ihre Berechtigung.
   b) Begründet eure Zustimmung bzw. Ablehnung.
   c) Bezieht in eure Überlegungen das Bild van Goghs mit ein.
6. Überlegt abschließend, ob zum Glück etwas gehört, was über euch hinausgeht. Prüft die Auffassung Epikurs daraufhin erneut.

Vincent van Gogh, Kohlen tragende Frauen (1882)

1 Zeus ist der griechischen Mythologie nach der oberste der Götter, der Göttervater.

2.3 Das für den Menschen Gute verstehen

Martha C. Nussbaum (geboren 1947) ist Professor of Law and Ethics an der University of Chicago. Ihre Untersuchungen über das Glück konzentrieren sich auf die Fähigkeiten (*capabilities*), über die der Mensch verfügen sollte, damit sein Leben gedeihen kann. Diese Fähigkeiten hat Nussbaum in der folgenden Liste zusammengestellt.

Martha C. Nussbaum

Die Grundfähigkeiten des Menschen

1. *Die Fähigkeit, ein volles Menschenleben bis zum Ende zu führen; nicht vorzeitig zu sterben oder zu sterben, bevor das Leben so reduziert ist, dass es nicht mehr lebenswert ist.*
2. *Die Fähigkeit, sich guter Gesundheit zu erfreuen; sich angemessen zu ernähren; eine angemessene Unterkunft zu haben; Möglichkeiten zu sexueller Befriedigung zu haben; sich von einem Ort zu einem anderen zu bewegen.*
3. *Die Fähigkeit, unnötigen Schmerz zu vermeiden und freudvolle Erlebnisse zu haben.*
4. *Die Fähigkeit, die fünf Sinne zu benutzen, sich etwas vorzustellen, zu denken und zu urteilen.*
5. *Die Fähigkeit, Bindungen zu Dingen und Personen außerhalb unserer selbst zu haben; [...] zu lieben, zu trauern, Sehnsucht und Dankbarkeit zu empfinden.*
6. *Die Fähigkeit, sich eine Vorstellung vom Guten zu machen und kritisch über die eigene Lebensplanung nachzudenken.*
7. *Die Fähigkeit, für andere und bezogen auf andere zu leben, Verbundenheit mit anderen Menschen zu erkennen und zu zeigen, verschiedene Formen von familiären und sozialen Beziehungen einzugehen.*
8. *Die Fähigkeit, in Verbundenheit mit Tieren, Pflanzen und der ganzen Natur zu leben und pfleglich mit ihnen umzugehen.*
9. *Die Fähigkeit, zu lachen, zu spielen und Freude an erholsamen Tätigkeiten zu haben.*
10. *Die Fähigkeit, sein eigenes Leben und nicht das von jemand anderem zu leben.*

10a. Die Fähigkeit, sein eigenes Leben in seiner eigenen Umgebung und seinem eigenen Kontext zu leben.

Martha C. Nussbaum: Der aristotelische Sozialdemokratismus, in: Martha C. Nussbaum: Gerechtigkeit oder Das gute Leben. Frankfurt/M. 1999, S. 57–58; © Suhrkamp Verlag GmbH & Co. KG, Berlin

Das Gute als das allen Menschen Gemeinsame

Nussbaum bezeichnet diese Liste von Grundfähigkeiten, die sie nicht als abgeschlossen betrachtet, als eine *Minimaltheorie des Guten,* womit sie sich auf die Fähigkeiten *aller* Menschen bezieht.

1. Ordnet die von Martha Nussbaum beschriebenen Grundfähigkeiten nach selbst gewählten Einteilungskriterien in einem Schaubild. Verändert möglicherweise die Reihenfolge der Grundfähigkeiten, nehmt eventuell Streichungen oder auch Ergänzungen vor. Begründet euer Vorgehen.
2. Stellt eure Einteilung vor und vergleicht sie mit den Ergebnissen eurer Mitschüler.
3. Fragt eure Eltern oder Großeltern, wie sie diese Aufgabe bearbeiten würden.
   a) Fragt sie besonders nach ihren Begründungen.
   b) Vergleicht diese Ergebnisse mit euren eigenen.
4. Seht euch die Grundfähigkeiten noch einmal an.
   a) Mit welchen Vorstellungen des Guten sind sie verbunden?
   b) Vergleicht diese Liste mit dem, was ihr euch und anderen wünscht.

II 1.3

Die genannten Fähigkeiten bilden nach Nussbaum eine entscheidende Voraussetzung dafür, dass der Mensch überhaupt nach einem selbstbestimmten und in dieser Hinsicht nach einem guten oder glücklichen Leben streben kann.

Menschen, die in großer materieller Not leben, haben häufig nicht den Wunsch nach einer anderen Lebensweise bzw. sind mit ihrem Leben nicht unzufrieden. Die Menschen passen sich gewöhnlich dem an, was sie haben. In manchen Fällen gelangen sie zu der Annahme, dass die Dinge, so wie sind, richtig sind; in anderen Fällen sind sie sich der möglichen Alternativen nicht einmal bewusst. Die Umstände haben ihre Phantasie eingeschränkt.

Martha C. Nussbaum: Der aristotelische Sozialdemokratismus, in: Martha C. Nussbaum: Gerechtigkeit oder Das gute Leben. Frankfurt/M. 1999, S. 40; © Suhrkamp Verlag GmbH & Co. KG, Berlin

5. Erklärt euer Verständnis des Zitats.

Im Rahmen von UNO-Projekten zur Entwicklungspolitik hat Nussbaum die Anwendung ihrer ethischen Positionen kritisch reflektiert. Recherchiert zu diesen Projekten im Internet. Bezieht das Zitat mit ein.

3 Glück und Handeln

3.1 Zufallsglück oder erworbenes Glück?

Um den Begriff *Glück* besser verstehen zu können, wollen wir ihn anhand verschiedener philosophischer Texte analysieren und im Zusammenhang erfassen. Eine Differenzierung, die uns weiterhilft, ist die von zufälligem und erworbenem Glück. Unsere Sprache kennt zwei Unterscheidungen dafür: *Glück haben* und *glücklich sein*. Diese beiden Formulierungen entsprechen dem englischen *luck* bzw. dem englischen *happiness*. Im Lateinischen werden *fortuna* und *felicitas* unterschieden.

1. Sucht in anderen Sprachen nach dieser Unterscheidung.

Die Glücks- und Schicksalsgöttin Fortuna, links von Hans Sebald Beham (1541), rechts von Jean François Armand Felix Bernard (19. Jahrhundert)

2. Betrachtet die Bilder. Welche Symbole tauchen bei der Darstellung der Fortuna auf?
3. Erläutert die einzelnen Bestandteile der Darstellungen und ihre mögliche Bedeutung. Findet Unterschiede und Gemeinsamkeiten zwischen den Abbildungen heraus und überlegt, was sie bedeuten.

Ergänzt eure Vergleiche der Darstellungen durch eine Recherche im Internet.

II 1.2

IV 3.2

4. Charakterisiert zusammenfassend die Auffassung des Glücks, die wir mit Fortuna verknüpfen.
   a) Bezieht euch dabei auf Begriffe wie *Glücksgaben*, *Glücksgüter* oder auch *Glückskind*.
   b) Fasst zusammen, was das zufällige Glück so anziehend macht.
   c) Was spricht dagegen, dem zufälligen Glück zu vertrauen? Begründet diese Position.
5. Sollte das persönliche Glück dem Zufall, einem anderen Menschen, dem Staat oder der Gesellschaft überlassen werden? Diskutiert die Frage, indem ihr euch unterschiedliche Personen und ihre Glücksansprüche vorstellt.
6. Erläutert euren eigenen Standpunkt, indem ihr euch mit der Doppeldeutigkeit des zufälligen Glücks in einem Essay auseinandersetzt.

Immanuel Kant (1724–1804) über das Glück:

Allein es ist ein Unglück, dass der Begriff Glückseligkeit ein so unbestimmter Begriff ist, dass, obgleich jeder Mensch zu dieser zu gelangen wünscht, er doch niemals bestimmt und mit sich selbst einstimmig sagen kann, was er eigentlich wünsche und wolle. […] Will er Reichtum, wie viel Sorge, Neid und Nachstellung könnte er sich dadurch nicht auf den Hals ziehen! […] Will er ein langes Leben, wer steht ihm dafür, dass es nicht ein langes Elend sein würde? […] Kurz, er ist nicht vermögend, nach irgend einem Grundsatze mit völliger Gewissheit zu bestimmen, was ihn wahrhaft glücklich machen werde, weil hiezu Allwissenheit erforderlich sein würde.

Immanuel Kant: Grundlegung zur Metaphysik der Sitten (1785). Akademieausgabe, Bd. IV, Berlin 1911, S. 418

7. Charakterisiert Kants Auffassung des Glücks.
8. Wie begründet er die Wechselhaftigkeit des Glücks?
9. Prüft die beiden Beispiele im Text auf ihre Stimmigkeit hin.

Recherchiert Informationen zur Göttin Felicitas und sucht nach Bildmaterial, das die Bedeutung der Göttin veranschaulicht.

10. Erläutert den Begriff *glücklich sein* mit eigenen Worten. Geht von euren Vorstellungen über eine Person, die glücklich ist, aus.
11. Überlegt abschließend, ob beide Glücksbegriffe – das zufällige und das erworbene Glück – einen Zusammenhang bilden.
    a) Untersucht Glückwünsche darauf hin, ob sie beide Gesichtspunkte des Glücks ausdrücken.
    b) Formuliert selbst Glückwünsche, die sich auf das Glück als Ganzes beziehen.

3.2 Die Glücksbestimmung des Aristoteles

Die Frage nach dem höchsten Gut

Informiert euch über den Philosophen Aristoteles. Bezieht dabei die Abbildung mit ein. Achtet insbesondere auf die Gestik der beiden Philosophen.

Platon (links) und Aristoteles (rechts) – Raffael, Die Schule von Athen (1510/11)

Aristoteles geht davon aus, dass menschliches Handeln auf ganz unterschiedliche Ziele, aber immer auf ein Gut bezogen ist. Er untersucht, ob es einen Zusammenhang und eine Rangfolge zwischen den unterschiedlichen Zielen des Handelns gibt. Darüber hinaus fragt er nach einem obersten Ziel menschlichen Strebens oder einem höchsten Gut.

Wir können diese Idee verstehen, wenn wir uns überlegen, welche der von uns angestrebten Ziele uns besonders wichtig oder weniger wichtig sind und wie wir dabei nach Maßstäben suchen.

1. Stellt eine Liste von Zielen im Leben auf und versucht sie in eine Rangfolge zu bringen.
2. Begründet eure Rangfolge und gebt an, nach welchen Maßstäben/Gesichtspunkten ihr sie festlegt. Berücksichtigt dabei besonders, wie ihr diese Maßstäbe herausfindet und an wem ihr euch dabei orientiert: Sind es eure Eltern oder Großeltern, Freunde, Lehrer, literarische oder andere fiktive Figuren? Ergänzt diese Aufzählung.
3. Versucht einen obersten Maßstab für euer Handeln insgesamt zu bestimmen und zu benennen.

3.3 Der Begriff Glückseligkeit

[...] welches ist das oberste aller praktischen Güter? Im Namen stimmen wohl die meisten überein. Glückseligkeit nennen es die Leute ebenso wie die Gebildeten, und sie setzen das Gut-Leben und das Sich-gut-Verhalten gleich mit dem Glückseligsein.
Was aber die Glückseligkeit sei, darüber streiten sie [...].

Aristoteles: Nikomachische Ethik. Übers. von Olof Gigon. München 1991, I, 2, 1095 a 15–20

4. Gebt den Inhalt des Textes mit eigenen Worten wieder.
   a) Erläutert, weshalb zum Glückseligsein das Gut-Leben und das Sich-gut-Verhalten gehören.
   b) Wie entsteht der Streit, von dem Aristoteles spricht?
   c) Beteiligt euch an dem genannten Streit. Schaut euch hierfür noch einmal die Ergebnisse eurer eigenen Untersuchung über das Glück an.
   II 1.4
   d) Seid ihr der Auffassung, dass sich der Streit schlichten lässt? Begründet euren Standpunkt in einem Schreibgespräch.

Die Position, welche die Glückseligkeit als das oberste Ziel menschlichen Lebens betrachtet, wird als Eudaimonismus (von griech. *eudaimonia*=Glückseligkeit) bezeichnet.

Die Erreichbarkeit der Glückseligkeit – das gute Leben

Aristoteles entwickelt ein Argument, in dem er begründet, dass das höchste Gut für den Menschen erreichbar ist:

Oder sollte es eigentümliche Leistungen und Handlungen des Schreiners oder Schusters geben, nicht aber des Menschen, als ob er zur Untätigkeit geschaffen wäre. Sollte nicht eher so, wie das Auge, die Hand, der Fuß und überhaupt jedes einzelne Körperglied seine besondere Leistung hat, auch der Mensch neben all dem seine besondere Leistung besitzen? Welche mag sie nun wohl sein? Das Leben offenbar nicht, denn dies besitzen auch die Pflanzen, wir suchen aber das dem Menschen Eigentümliche. Das Leben der Ernährung und des Wachstums ist also auszuscheiden. Es würde darauf das Leben der Wahrnehmung folgen, aber auch dieses ist uns gemeinsam mit dem Pferde und Rinde und allen Tieren überhaupt.
Es bleibt das Leben in der Betätigung des vernunftbegabten Teiles [der Seele] übrig.

Aristoteles: Nikomachische Ethik. Übers. von Olof Gigon. München 1991, I, 6, 1097 b 25–1098 a 1

5. Worin besteht die Begründung für die Erreichbarkeit des Glücks?
6. Erklärt den Unterschied zwischen *als Mensch gut sein* und *als Schreiner oder Schuster gut sein*.
7. Untersucht die Schrittfolge im Argumentationsgang. Wie gelangt Aristoteles zur Bestimmung der für den Menschen besonderen Leistung?

3.4 Glückseligkeit als Ganzes

Glückseligkeit und Charakter

II 3.3

Bisher haben wir gesehen, dass der Mensch nach Aristoteles Glückseligkeit in einer durch die Vernunft bestimmten Tätigkeit verwirklichen kann. Die Erfahrung der Glückseligkeit ist an die Art und Weise gebunden, *wie* der Mensch nach einzelnen Glücksgütern strebt.

1. Das Erreichen des Glücks oder das Gelingen des Lebens wird auch als Lebenskunst bezeichnet. Erläutert euch gegenseitig, worin diese Kunst besteht.

Die Vernünftigkeit des Strebens zeigt sich in Charaktereigenschaften wie Gerechtigkeit, Klugheit, Besonnenheit, aber auch Tapferkeit und Großzügigkeit. Aristoteles nennt diese Eigenschaften *Tugenden des Charakters.*

Wissen

Tugenden sind Fähigkeiten oder Haltungen, auch Charaktereigenschaften, die den Menschen gut machen und die jeder mit Hilfe seiner Vernunft ausbilden kann. Im engeren Sinne werden heute diejenigen moralischen Eigenschaften Tugenden genannt, die einen Menschen auszeichnen und zum guten Handeln führen.

Wie der antike Held Herakles hat der Mensch die Wahl, sich für ein eher lustbetontes oder eher tugendhaftes Leben zu entscheiden.

Informiert euch über die Erzählung *Herakles am Scheideweg*.

2. Stellt euch vor, ihr steht wie Herakles am Scheideweg. Setzt euch in einem Essay mit beiden Lebensmöglichkeiten auseinander.

Albrecht Dürer, Herakles am Scheidewege (1498/99)

Glückseligkeit und die äußeren Güter

Glückseligkeit, tugendhafte Lebensführung und gutes Leben gehören nach Aristoteles zusammen. Aber Aristoteles bezieht auch die Glücksgüter in sein Konzept ein.

[Es] scheint freilich auch der äußeren Güter dazu zu bedürfen [...]. Es ist nämlich unmöglich oder doch nicht leicht, das Edle zu tun, wenn man keine Mittel zur Verfügung hat. Denn vieles richtet man aus durch Freunde, Reichtum und politische Macht, die sozusagen als Werkzeuge dienen. Andererseits, wenn man bestimmter Dinge ermangelt, wie der Adeligkeit, wohlgeratener Nachkommenschaft und der Schönheit, so verkümmert die Glückseligkeit. [...]
Denn vollkommen glücklich kann man denjenigen nicht nennen, der in seinem Äußeren übermäßig hässlich ist oder von geringer Herkunft oder einsam und kinderlos und vielleicht noch weniger denjenigen, der ganz übel geratene Kinder oder Freunde hat oder dem sie gut waren, aber gestorben sind.

Aristoteles: Nikomachische Ethik. Übers. von Olof Gigon. München 1991, I, 9, 1099 a 30–b 5

II 3.1

3. Arbeitet aus dem Text heraus, was Aristoteles unter *äußeren Gütern* versteht. Erläutert dies beispielhaft. Erinnert euch dabei an die Bestimmung der Glücksgüter.
4. Erörtert die Rolle, die die *äußeren Güter* für die Bestimmung der Glückseligkeit spielen.
5. Prüft, ob die Liste der äußeren Güter, die Aristoteles nennt, heute noch Gültigkeit besitzt und ob ihr sie ergänzen würdet.
6. Welchen Einfluss hat das Fehlen der äußeren Güter auf die Glückseligkeit?
7. Erörtert, inwiefern die Glückseligkeit des Einzelnen von anderen Menschen abhängig ist. Verdeutlicht auf diesem Wege den Zusammenhang von Glück und Moral.

Aristoteles hat seine Auffassung von der Glückseligkeit als höchstem Gut für den Menschen in einem Satz präzisiert:

Glückseligkeit [...] ist um ihrer selbst willen wünschenswert, genügt sich selbst und ist der Maßstab, nach dem wir unsere Handlungen disponieren.

Aristoteles: Rhetorik. Übers. und hrsg. von Gernot Grappinger. Stuttgart 1999, I, 6, 1362 b 10;

8. Fasst eure Kenntnisse über Aristoteles' Lehre von der Glückseligkeit zusammen, indem ihr diesen Satz analysiert. Ihr könnt euch an folgenden Fragestellungen orientieren:
   a) Wie versteht ihr die Formulierung, dass die Glückseligkeit „um ihrer selbst willen wünschenswert" ist. Erläutert dafür zunächst den Begriff „um ihrer selbst willen".
   b) Ein anderer Ausdruck für die Glückseligkeit ist „wünschenswert". Er bezieht sich auf die Art und Weise unseres Wünschens. Erörtert, weshalb wir uns nicht nur Glück wünschen, sondern es wünschenswert ist.
   c) Erläutert die Bestimmung: Glückseligkeit „genügt sich selbst", indem ihr nach anderen Ausdrücken für diese Formulierung sucht.
   d) Inwiefern ist der Ausdruck „genügt sich selbst" mit dem, was „wünschenswert" ist, verknüpft?

3.5 Gut sein und gut leben

Auf dieser Doppelseite wollen wir unser begriffliches Wissen über das Glück prüfen und vertiefen. Orientieren wir uns zunächst am bereits erworbenen ethischen Grundwissen:

Jeder Mensch ist in seinem Handeln auf das Glück als auf ein Ganzes bezogen. Deshalb wünschen wir uns gegenseitig Glück, nicht Glücke. Wir beziehen uns alle auf das Glück, aber in unterschiedlicher Weise. Aus diesem Grund verstehen wir unter dem Glück oft etwas Unterschiedliches. Prüfen wir diese Vorstellungen, stellen wir erstaunliche Gemeinsamkeiten fest. In ihnen kommen zugleich unsere Auffassungen über das Gute zum Ausdruck.

---

1. Führt ein Gespräch zu folgender Frage: „Welche Gemeinsamkeiten gibt es in unseren Vorstellungen vom Glück?"
   Geht wie folgt vor:
   - Stellt eine Liste solcher Gemeinsamkeiten zusammen und erläutert sie.
   - Sollten wir von Gemeinsamkeiten ausgehen, wenn wir nach einer eigenen Glücksauffassung suchen?
   - Entstehen gemeinsame Auffassungen über das Glück erst oder sind sie festgelegt?
   - Wer könnte sie festlegen?
   - Gibt es einen Zusammenhang zwischen den Glücksvorstellungen / Glücksansprüchen und den Verhältnissen, in denen Menschen leben? Begründet eure Antwort.
   - Falls es einen Zusammenhang gibt: Bedeutet das, dass die Gemeinsamkeiten begrenzt sind?
2. Überlegt, wie ihr jemanden, der die Gemeinsamkeiten bestreitet, überzeugen könnt.

II 2.1

Gemeinsamkeiten, auf die wir uns in unserem Streben nach dem Glück beziehen, werden auch *Werte* genannt. Der *Wert* ist neben der *Norm* einer der wichtigsten Grundbegriffe der Ethik. Beide Begriffe werden oft verwechselt. Normen sind mehr oder weniger gut begründet, sie gelten auch, wenn die Individuen sich nicht nach ihnen richten. Dagegen ist es umstritten, wie Werte entstehen und sich durchsetzen. Werte wie Gerechtigkeit, Freiheit, Toleranz, Rücksichtslosigkeit, Hass oder Grausamkeit enthalten einen allgemeinen Anspruch, sind aber auch Ausdruck dessen, was Individuen oder Gemeinschaften unter einem guten Leben verstehen. Da Werte an den Einzelnen gebunden sind, wird ihre Verletzung als Eingriff in die persönliche Sphäre erlebt.

John Leslie Mackie (1917–1981), der in Australien, Neuseeland und Großbritannien Philosophie lehrte, vertrat folgende Position über die Entstehung moralischer Werte:

Mit Sicherheit lässt sich allerdings sagen, dass ein gutes Leben für den Menschen weitgehend in der wirksamen Verfolgung jener Lebensvollzüge besteht, die er für wertvoll hält, [...] sei es als direkter Beitrag zum Wohl derjenigen, um die er sich sorgt, oder sei es als Mittel zur Sicherung des eigenen oder des Wohlergehens jener, denen er sich nahe verbunden fühlt.

John L. Mackie: Ethik. Auf der Suche nach dem Richtigen und Falschen. Übers. von Rudolph Ginters. Stuttgart 1981, S. 217; © Philipp Reclam jun. GmbH & Co. KG, Stuttgart

3. Arbeitet die Kriterien heraus, die die Menschen laut Mackie einem guten Leben zuordnen.
4. Mackie meint, dass diese Kriterien mit „Sicherheit" gelten. Überlegt, ob ihr dem zustimmen könnt.

Melanie Freund, Wissenschaftler (2010)

Ein wichtiger Kritikpunkt an Mackie besteht darin, auf Werte/Wertvolles zu verweisen, das unabhängig davon besteht, ob einzelne Menschen danach streben oder nicht.

5. Sucht nach Beispielen für diese Werte. Orientiert euch dabei am Wissenskasten auf dieser Doppelseite.

Ob dieser Gesichtspunkt eure Entscheidungen beeinflusst, könnt ihr selbst überprüfen, wenn ihr euch die folgende Frage stellt:
„Ist etwas gut, weil wir es wählen, oder wählen wir etwas, weil es gut ist?"

6. Entwickelt Antworten auf beide Teile der Frage.

4 Glück und Lust

4.1 Lust und Schmerz

II 1.6/3.3
II 2.2

Mit dem Zusammenhang von Lust und Glück haben wir uns schon beschäftigt. Auch der griechische Philosoph Epikur hat dieses Verhältnis untersucht. Er schreibt im Brief an seinen jungen Freund Menoikeus:

Gerade deshalb ist die Lust [...] Ursprung und Ziel glückseligen Lebens. Denn sie haben wir ja als erstes und angeborenes Gut erkannt, und von ihr aus beginnen wir mit jedem Wählen und Meiden, und auf sie gehen wir zurück, indem wir wie mit einem Richtscheit mit der Empfindung jedes Gut beurteilen. Und gerade weil dies das erste und in uns angelegte Gut ist, deswegen wählen wir auch nicht jede Lust, sondern bisweilen übergehen wir zahlreiche Lustempfindungen, sooft uns ein übermäßiges Unbehagen daraus erwächst. Sogar zahlreiche Schmerzen halten wir für wichtiger als Lustempfindungen, wenn uns eine größere Lust darauf folgt, dass wir lange Zeit die Schmerzen ertragen haben.

Epikur: Briefe, Sprüche, Werkfragmente. Übers. und hrsg. von Hans-Wolfgang Krautz. Stuttgart 1980, S. 47;

II 2.2

1. Analysiert die Quelle nach folgenden Gesichtspunkten:
   a) Worauf sind Lust und Schmerz bezogen?
   b) Arbeitet präzise den Zusammenhang zwischen den Begriffen *Lust* und *Glückseligkeit* heraus.
   c) Erklärt, wie ihr das von Epikur beschriebene *Wählen und Meiden* versteht.
   d) Bemüht euch besonders um das Nachvollziehen des Argumentationsganges.

Auch die Selbstgenügsamkeit halten wir für ein großes Gut, nicht damit wir es ganz und gar mit dem Wenigen genug sein lassen, sondern um uns dann, wenn wir das Meiste nicht haben, mit dem Wenigen zu begnügen [...]. Denn bescheidene Suppen verschaffen eine ebenso starke Lust wie ein aufwendiges Mahl, sooft das schmerzhafte Gefühl des Mangels aufgehoben wird; auch Brot und Wasser spenden höchste Lust, wenn einer sie aus Mangel zu sich nimmt. Sich also zu gewöhnen an einfache und nicht aufwendige Mahlzeiten befähigt zu voller Gesundheit, macht den Menschen unbeschwert gegenüber den notwendigen Anforderungen des Lebens, stärkt unsere Verfassung, wenn wir uns in Abständen zu aufwendigen Mahlzeiten aufmachen, und entlässt uns angstfrei gegenüber dem Zufall.
Wenn wir also sagen, die Lust sei das Ziel, meinen wir damit nicht die Lüste der Hemmungslosen und jene, die im Genuss bestehen, wie einige, die dies nicht [...] eingestehen oder böswillig auffassen, annehmen; sondern: weder Schmerz im Körper noch Erschütterung in der Seele empfinden.

Epikur: Briefe, Sprüche, Werkfragmente. Übers. und hrsg. von Hans-Wolfgang Krautz. Stuttgart 1980, S. 49;

2. Gebt den Inhalt dieses Ausschnitts aus dem Brief an Menoikeus wieder. Prüft dabei die logische Folgerichtigkeit der Gedanken.
3. Überlegt, ob Epikurs Ratschläge bei eurer persönlichen Suche nach dem Glück für euch hilfreich sein könnten.
4. Versucht den Begriff der *Selbstgenügsamkeit* zu erklären.
   a) Untersucht den Begriff auf seine Bedeutung, indem ihr seine Wortbestandteile erklärt.
   b) Überlegt euch, ob Selbstgenügsamkeit angenehm sein kann.
   c) Berücksichtigt zusätzlich den ersten Textabschnitt, besonders Epikurs Auffassung vom Wählen und Meiden.

Ist Epikur ein Hedonist?

Hedonismus (von griech. *hedone*= Freude, Lust) ist eine Auffassung, nach der das oberste Ziel, welches der Mensch anstreben kann und deshalb auch anstreben solle, die Lust oder das Vermeiden von Schmerz ist. Der Begriff wird als Gegensatz zum Eudaimonismus gebraucht.

Epikur wird vorgeworfen, das Streben nach Glückseligkeit mit dem Streben nach Lust gleichzusetzen. Deshalb wird er oft dem *Hedonismus* zugeordnet.

5. a) Setzt euch mit dieser Kritik auseinander, indem ihr Epikurs Lustauffassung untersucht. Bezieht euch besonders auf Epikurs Begriff der Selbstgenügsamkeit.
   b) Berücksichtigt die Karikatur von Sempé.

Jean-Jacques Sempé, „Wir haben doch alles, Martha, um glücklich zu sein."(1984)

4.2 Lust und Würde

Das Glück der Allgemeinheit als Ziel der Moral

Nach John Stuart Mill (1806–1873) ist das Glück einer der Grundbegriffe der Ethik. Der Engländer Mill gehört zu den Hauptvertretern des *Utilitarismus*. Seine berühmteste Schrift *Utilitarianism* ist an einen breiten Leserkreis gerichtet.

Informiert euch über die Bedeutung des Wortes *Utilitarismus* und über John Stuart Mill.

Mill konzentriert sich im folgenden Text auf einen Aspekt des Glücks, der uns allen vertraut ist.

Unter ‚Glück' ist dabei Lust und das Freisein von Unlust, unter ‚Unglück' Unlust und das Fehlen von Lust verstanden. […] zusätzliche Erklärungen ändern nichts an der Lebensauffassung, auf der diese Theorie der Moral wesentlich beruht: dass Lust und das Freisein von Unlust die einzigen Dinge sind, die als Endzwecke wünschenswert sind […]. Eine solche Lebensauffassung stößt bei vielen Menschen […] auf eingewurzelte Abneigung. Der Gedanke, dass das Leben […] keinen höheren Zweck habe als die Lust, kein besseres und edleres Ziel des Wollens und Strebens, erscheint ihnen im äußersten Grade niedrig und gemein; als eine Ansicht, die nur der Schweine würdig wäre […].

John Stuart Mill: Der Utilitarismus (1863), zitiert nach: Utilitarianism / Der Utilitarismus. Übers. und hrsg. von Dieter Birnbacher. Stuttgart 2008, Kap. 2, S. 23–25;

1. Erklärt Mills Verständnis vom Glück. Berücksichtigt dabei die Bedeutung des Begriffs Endzweck.
2. In welcher der bisher in diesem Kapitel diskutierten Glücksauffassungen wurde der Bezug auf die Lust bereits hervorgehoben?
3. Notiert, was euch spontan einfällt, wenn ihr an Lust denkt. Überlegt, weshalb das Schwein als Beispiel für ein lustbetontes Leben gewählt sein könnte.
4. Versetzt euch arbeitsteilig in die Position Mills bzw. seiner Gegner. Sammelt Argumente für den jeweiligen Standpunkt.

Mill argumentiert gegen seine Kritiker:

Die Menschen haben höhere Fähigkeiten als bloß tierische Gelüste und vermögen, sobald sie dieser einmal bewusst geworden sind, nur darin ihr Glück zu sehen, worin deren Betätigung eingeschlossen ist. […] Nur wenige Menschen würden darein einwilligen, sich in eines der niederen Tiere verwandeln zu lassen, wenn man ihnen verspräche, dass sie die Befriedigungen des Tiers in vollem Umfang auskosten dürften. [...] Ein höher begabtes Wesen verlangt mehr zu seinem Glück, ist wohl auch größeren Leidens fähig und ihm sicherlich in höherem Maße ausgesetzt als ein niedrigeres Wesen; aber trotz dieser Gefährdungen wird es niemals in jene Daseinsweise absinken wollen, die es als niedriger empfindet. Wir mögen dieses Widerstreben [...] dem Stolz [...] der Freiheitsliebe und dem Streben nach Unabhängigkeit zuschreiben, [...] am zutreffendsten wird es als ein Gefühl der Würde beschrieben, das allen Menschen in der einen oder anderen Weise [...] zu eigen ist und das für die, bei denen es besonders stark ausgeprägt ist, einen so entscheidenden Teil ihres Glücks ausmacht, dass sie nichts, was mit ihm unvereinbar ist, länger als nur einen Augenblick lang zu begehren imstande sind.

John Stuart Mill: Der Utilitarismus (1863), zitiert nach: Utilitarianism / Der Utilitarismus. Übers. und hrsg. von Dieter Birnbacher. Stuttgart 2008, Kap. 2, S. 27–31;

5. Wie argumentiert Mill gegen die Auffassung, der Mensch habe nur tierische Gelüste?
6. Welche verschiedenen Arten von Lust verbindet Mill mit seiner Glücksauffassung?
7. Erläutert, wie Mill den Begriff *Würde* mit dem des Glücks verknüpft. Überlegt, ob sich Mills Begriff der Würde von dem Kants unterscheidet.

I 3.4

Mill wendet sich mit einer eindringlichen Formulierung an seine Gegner:

Es ist besser ein unzufriedener Mensch zu sein als ein zufriedenes Schwein; besser ein unzufriedener Sokrates als ein zufriedener Narr.

John Stuart Mill: Der Utilitarismus (1863), zitiert nach: Utilitarianism / Der Utilitarismus. Übers. und hrsg. von Dieter Birnbacher. Stuttgart 2008, Kap. 2, S. 33;

Informiert euch über den antiken Philosophen Sokrates.

8. Führt ein Streitgespräch zur Position Mills.
   a) Stellt euch vor, ihr solltet als Kritiker Widersprüche oder Unzulänglichkeiten in Mills Text aufdecken.
   b) Alternativ könnt ihr euch auch für eine Verteidigung bzw. Untermauerung der Position Mills entscheiden.
   c) Sammelt Argumente, welche die Aussagen stützen bzw. widerlegen.

Da Mill das Glück auf das Streben nach Lust zurückführt, wird er häufig als Vertreter des Hedonismus verstanden.

9. Prüft Mills Glücksauffassung und setzt euch damit auseinander, ob sich Mill dem Hedonismus zuordnen lässt. Bezieht dabei die Begriffe Hedonismus und Eudaimonismus ein.

II 3.3/4.1

4.3 Das ethische Grundprinzip des Utilitarismus

Wenige Ethiker haben den Zusammenhang von Moral und Glück so ausführlich zu begründen versucht wie Mill.

Die Auffassung, für die die Nützlichkeit oder das Prinzip des größten Glücks die Grundlage der Moral ist, besagt, dass Handlungen insoweit und in dem Maße moralisch richtig sind, als sie die Tendenz haben, Glück zu befördern, und insoweit moralisch falsch, als sie die Tendenz haben, das Gegenteil zu bewirken.

John Stuart Mill: Der Utilitarismus (1863), zitiert nach: Utilitarianism / Der Utilitarismus. Übers. und hrsg. von Dieter Birnbacher. Stuttgart 2008, Kap. 2, S. 23; © Philipp Reclam jun. GmbH & Co. KG, Stuttgart

1. Arbeitet den Maßstab für moralisch richtiges Handeln aus dem Text heraus. Der Text enthält zwei Bezeichnungen für diesen Maßstab. Nennt beide.
2. Untersucht weiterhin, wie man diesen Maßstab an Handlungen anlegt. Unterscheidet mit Hilfe des Textauszugs moralisch richtige und moralisch falsche Handlungen.

Mill erklärt die utilitaristische Formel zur moralischen Grundnorm.

Wissen

Das Beurteilungsprinzip des Utilitarismus oder die utilitaristische Formel beinhaltet, dass diejenige Handlung als wertvollste einzuschätzen ist, die das größtmögliche Glück der größten Zahl (der von der Handlung Betroffenen) hervorbringt.

3. In welchem Zusammenhang stehen nach Mill das Streben jedes Menschen nach Glück und das Glück möglichst vieler?
4. Formuliert eine mögliche Kritik an Mills Formel und berücksichtigt dabei folgende Abbildung.

Grundbedingungen des Glücks

Mill geht davon aus, dass durch das Streben jedes einzelnen Menschen nach Glück auch das Glück möglichst vieler erreicht werden kann. Dabei hat Mill ein Bedingungsgefüge zwischen dem Individuum und der Gemeinschaft vor Augen:

Wenn Menschen mit einem leidlich günstigen äußeren Schicksal am Leben nicht genug Freude finden, um es selbst lebenswert erscheinen zu lassen, hat das seine Ursache gewöhnlich darin, dass sie nur an sich selbst denken. Wem jede Gefühlsbindung – sei es zur Gemeinschaft, sei es zu einzelnen Menschen – abgeht, dem sind die Reize des Lebens erheblich beschnitten.

John Stuart Mill: Der Utilitarismus (1863), zitiert nach: Utilitarianism/Der Utilitarismus. Übers. und hrsg. von Dieter Birnbacher. Stuttgart 2008, Kap. 2, S. 43;

5. Erklärt euer Verständnis der Formulierung „dem sind die Reize des Lebens erheblich beschnitten".
6. Ergründet nun durch eine schrittweise Untersuchung der Aussage Mills, worin er die Ursache dieser erheblichen Beschneidung sieht.

Zusätzlich diskutiert Mill einen weiteren entscheidenden Faktor menschlicher Glückssicherung:

Dass ein Leben unbefriedigend ist, hat seine Ursache außer im Egoismus vor allem auch im Mangel geistiger Bildung. Ein gebildeter Mensch – nicht nur der Philosoph, sondern jeder, dem die Quellen des Wissens aufgetan worden sind und der zumindest in gewissem Maße gelernt hat, seine Möglichkeiten zu verwirklichen – findet Gegenstände unerschöpflichen Interesses in allem, was ihn umgibt: in den Dingen der Natur, den Werken der Kunst, den Gebilden der Poesie, den Ereignissen der Geschichte, dem Schicksal der Menschheit in Vergangenheit und Gegenwart und ihren Aussichten in der Zukunft.

John Stuart Mill: Der Utilitarismus (1863), zitiert nach: Utilitarianism/Der Utilitarismus. Übers. und hrsg. von Dieter Birnbacher. Stuttgart 2008, Kap. 2, S. 43–44;

7. Klärt den von Mill verwendeten Begriff der Bildung.
8. Im Text wird der gebildete Mensch besonders hervorgehoben. Erklärt den Zusammenhang, welcher nach Mills Ansicht zwischen Bildung und Glück besteht.
9. Setzt euch mit dieser Auffassung begründet auseinander.

Sucht nach Bildern, welche eurer Meinung nach die Aussage des Textes veranschaulichen. Begründet eure Auswahl.

10. Beurteilt abschließend die Position Mills über den Zusammenhang zwischen dem Glück des Einzelnen und dem Glück möglichst vieler.

5 Das Verhältnis von Glück und Unglück

5.1 Das Glück des Sisyphos

Sisyphos gilt nach der antiken Sage als einer der klügsten Sterblichen. Er hat den Gott des Todes gefesselt, um den Menschen das ewige Leben zu ermöglichen. Nach der Überlieferung besteht seine Bestrafung durch die Götter darin, einen Fels einen Berg hinaufzuwälzen, von dessen Gipfel der Stein von selbst wieder hinunterrollt, so dass Sisyphos immer wieder von vorn beginnen muss.

Der französische Literat und Philosoph Albert Camus (1913–1960) hat in seinem Essay *Der Mythos von Sisyphos* eine moderne Interpretation dieser Geschichte vorgelegt.

Schließlich ist nach dieser langen Anstrengung […] das Ziel erreicht. Und nun sieht Sisyphos, wie der Stein innerhalb weniger Augenblicke in jene niedere Welt hinabrollt, aus der er ihn wieder hoch auf den Gipfel wälzen muss. Er geht in die Ebenen hinunter.

Auf diesem Rückweg, während dieser Pause interessiert mich Sisyphos. Ein Gesicht, das sich so nahe dem Stein abmüht, ist selbst bereits Stein! Ich sehe, wie dieser Mann schwerfälligen, aber gleichmäßigen Schrittes zu der Qual hinuntergeht, deren Ende er nicht kennt. Diese Stunde, die gleichsam ein Aufatmen ist und ebenso zuverlässig wiederkehrt wie sein Unheil, ist die Stunde des Bewusstseins. In diesen Augenblicken, in denen er den Gipfel verlässt und allmählich in die Schlupfwinkel der Götter entschwindet, ist er seinem Schicksal überlegen. Er ist stärker als sein Fels. […]

Sisyphos, der ohnmächtige und rebellische Proletarier der Götter, kennt das ganze Ausmaß seiner elenden conditio:[2] *über sie denkt er nach während des Abstiegs. Die Klarsichtigkeit, die Ursache seiner Qual sein sollte, vollendet zugleich seinen Sieg. Es gibt kein Schicksal, das durch Verachtung nicht überwunden werden kann.*

Albert Camus: Der Mythos des Sisyphos (1942). Deutsch und mit einem Nachwort von Vincent von Wroblewsky. Reinbek bei Hamburg [13]2011, S. 142–143; © 1999 Rowohlt Verlag GmbH, Reinbek bei Hamburg

1. Schildert, was Sisyphos' Strafe zu einer endlosen Qual macht. Ihr kennt sicher den Ausdruck „Sisyphosarbeit".
2. Beschreibt die Lösung, welche er findet, indem er den Weg auf den Gipfel von dem Weg hinunter unterscheidet.

2 *conditio* = Bedingung, Bedingtheit

5.2 Die Machbarkeit des Glücks – Der Traum vom endlosen Glück

Der Gedanke an unaufhörliches Glück hat für uns einen Reiz. Aber würden wir uns dafür entscheiden, immer glücklich zu sein, wenn wir es könnten?
Verfolgen wir mit Robert Nozick (1938–2002) ein Gedankenexperiment:

Stellen Sie sich eine Maschine vor, die Ihnen jede beliebige Erfahrung (oder Folge von Erfahrungen) vermitteln könnte, die Sie sich wünschen würden. Wenn Sie an diese Erfahrungsmaschine angeschlossen sind, können Sie die Erfahrung haben, ein großes Gedicht zu schreiben oder den Weltfrieden herbeizuführen oder jemanden zu lieben oder wiedergeliebt zu werden. Sie können die Empfindungsfreuden dieser Dinge erfahren, wie sie sich „von innen" anfühlen. Sie können Ihre Erfahrungen für den nächsten Tag oder die kommende Woche oder das kommende Jahr oder gar für den Rest Ihres Lebens programmieren. […] Sie können Ihre kühnsten Träume „von innen heraus" leben. Würden Sie sich dafür entscheiden, das den Rest Ihres Lebens zu tun? Wenn nicht, warum nicht? […] Die Frage ist nicht, ob man die Maschine vorübergehend ausprobieren sollte, sondern, ob man sich den Rest seines Lebens hineinsetzen sollte. Wenn man sie betreten hat, wird man sich nicht daran erinnern, dass man dies getan hat; so werden keine Freuden dadurch zerstört werden, dass man sie als maschinell produziert durchschaut.

Robert Nozick: Vom richtigen, guten und glücklichen Leben. München 1991, S. 114;

1. Bestimmt die Art der Freude, die Robert Nozick hier andeutet, genauer.
2. Führt das von Nozick begonnene Gedankenexperiment für eure Person weiter.
   a) Fragt euch, ob ihr euch gern in diese Art von Dauerfreude versetzen lassen und mit dem beschriebenen Menschen tauschen würdet.
   b) Schreibt stichpunktartig Gründe für eure ablehnende / zustimmende Haltung auf.
3. Tauscht euch in einem Schreibgespräch darüber aus, „ob man sich den Rest seines Lebens [in die Maschine] hineinsetzen sollte".
4. Der Begriff *Glück* taucht im Experiment nicht auf. Erklärt das.
5. Überlegt euch, ob der beschriebene Zustand Elemente des Glücks enthält.
6. Nennt andere Möglichkeiten, diese Glücksmomente zu erreichen.

Melanie Freund, Glücksmessmaschine (2010)

Machen wir mit der englischen Philosophin Philippa Foot (1920–2010) ein weiteres Gedankenexperiment:

Ich hörte einmal, wie ein Arzt im Rundfunk einen Patienten beschrieb, der „den ganzen Tag völlig glücklich war, indem er Blätter auflas". (Er war wohl schizophren oder hatte eine Gehirnoperation gehabt.) Das beeindruckte mich deswegen, weil ich dachte, dass die meisten von uns nicht ‚den ganzen Tag völlig glücklich' mit dem sind, was wir tun, weil ich mir aber dann klarmachte, wie abwegig die Vorstellung wäre, der allerfürsorglichste Vater würde bei seinem (völlig normalen) Lieblingskind eine Lobotomie[3] durchführen lassen. Man könnte einwenden, das wäre riskant, man wisse ja nicht, ob die Betreuer auch unter veränderten Bedingungen noch richtig Sorge tragen […]. Nehmen wir aber an, das sei der Fall, und stellen wir uns vor, dass wir auf das Leben einer Person zurückblicken, welche nach einer Lobotomie völlig ‚glückliche Tage' mit Spielzeug verbracht hat. Er oder sie war dabei vollkommen glücklich.

Philippa Foot: Die Wirklichkeit des Guten. Frankfurt/M. 1997, S. 217–218

7. Arbeitet heraus, worin sich Philippa Foots Gedankenexperiment von dem Robert Nozicks unterscheidet.
8. Sucht nach übereinstimmenden Elementen in beiden Experimenten, in dem ihr die Vorstellungen von Glück, die hier ausgedrückt werden, analysiert.
9. Überlegt abschließend, ob ihr die im Text beschriebene Form der Tätigkeit / des Spiels als glücklich bezeichnen würdet? Begründet eure Meinung.
10. Führt das Gedankenexperiment weiter und prüft dabei, ob die beschriebene Person „dabei vollkommen glücklich" war. Die Fortführung des Gedankenexperiments kann in Form einer kleinen Geschichte, eines Comics oder auf eine andere, von euch selbst gewählte Weise erfolgen.

3 Eine Lobotomie ist eine sehr umstrittene Operation im Gehirn (angewendet beispielsweise bei der Behandlung von Depressionen) mit möglichen schweren Nebenfolgen.

III Endlichkeit und Sinn des Lebens

1 Erfahren von Endlichkeit

1.1 Anfang und Ende

In diesem Kapitel wollen wir uns dem Zusammenhang zwischen der Endlichkeit des Lebens und dem Sinn des Lebens widmen. Unser Leben wird durch eine Zeitspanne bestimmt, durch einen Anfang und ein Ende. Anfang und Ende kennt ihr aus den unterschiedlichsten Zusammenhängen.

1. Bildet Wortfelder zu den Begriffen *Anfang* und *Ende*. Stellt die Ergebnisse einander vor.
2. Erarbeitet eine Tabelle.
   - Die Beispielsätze der linken Spalte zeigen, wie wir Begriffe aus den Wortfeldern *Anfang* und *Ende* verwenden.
   - Formuliert in der rechten Spalte, welche Gefühle mit der jeweiligen Verwendung der Begriffe einhergehen.

Anfang / Ende	**Gefühle im Verhältnis zu Anfang / Ende**
Die Prüfung ist zu Ende.	Erleichterung, Freude, Bangen
Wer macht den Anfang?	
Endlich hat meine Mutter Zeit für mich.	
Die Ferien fangen an.	
Hat das kein Ende?	
Unsere Möglichkeiten sind endlich.	

3. Setzt die Tabelle fort und formuliert Sätze, in denen Begriffe aus den Wortfeldern *Anfang / Ende* möglichst unterschiedliche Gefühle mit sich bringen.
4. Erläutert die Vielschichtigkeit der Begriffe *Anfang / Ende* mit eigenen Worten. Berücksichtigt dabei die Ergebnisse eurer Untersuchung aus der Tabelle.
5. Schreibt einen Essay, in dem ihr euch von der Vielschichtigkeit der Begriffe *Anfang* und *Ende* leiten lasst. Er könnte wie folgt beginnen: „Auf das Ende der Schulzeit hatte ich mich so gefreut, nun aber rückte es immer näher …"
6. Vergleicht die schriftlichen Ergebnisse eurer Untersuchungen mit der folgenden Position:

Wissen

Die Begriffe *Anfang* und *Ende* sind unter anderem auch Zeitbestimmungen. Die Zeit aber hat viele Bedeutungen. Sie kommt und geht und verweist uns auf Grenzen, doch bleibt sie auch, denn wir leben immer in, nie außerhalb der Zeit. Wir finden uns nicht ab mit den Grenzen, die Anfang und Ende uns setzen.

Geburt und Tod

Mit den beiden wichtigsten Bestimmungen von Anfang und Ende, den Grundereignissen des Lebens – der Geburt und dem Tod – hat jeder von uns Erfahrungen.

7. Beschreibt, in welcher Weise euch Geburt und Tod bisher begegnet sind. Erzählt jeweils eine Geschichte, in die diese Ereignisse eingebettet sind.
8. Lasst euch von euren Eltern die Geschichte eurer Geburt erzählen.
9. Versucht mit eigenen Worten zu erfassen, was Geburt und Tod bedeuten, unterscheidet dabei zwischen den Vorstellungen von eurer eigenen Geburt / eurem eigenen Tod bzw. der Geburt / dem Tod anderer.
10. Sucht nach anderen Bezeichnungen für Geburt und Tod. Bezieht die Gefühle mit ein, die entstehen, wenn ihr mit diesen Ereignissen konfrontiert werdet oder darüber nachdenkt.
11. Beachtet, dass der Tod vielfältig gedeutet wird, nicht nur als Lebensende oder als Ende. Sucht nach passenden Bezeichnungen für diese Sichtweisen. III 2

Auf der Abbildung seht ihr eine moderne Darstellung eines Januskopfes. Der römische Gott Janus wird mit zwei Gesichtern dargestellt, von denen eines nach vorn in die Zukunft, das andere zurück in die Vergangenheit blickt. Deshalb wird er auch als zwiespältig bezeichnet.

Recherchiert nach einer klassischen Darstellung des Januskopfes und den Bedeutungen des römischen Gottes Janus.

12. Vergleicht die klassische Darstellung mit der Abbildung. Haltet das Ergebnis fest und überlegt, welcher Zusammenhang zwischen eurem Verständnis der Begriffe *Anfang* und *Ende* und dem Januskopf besteht.

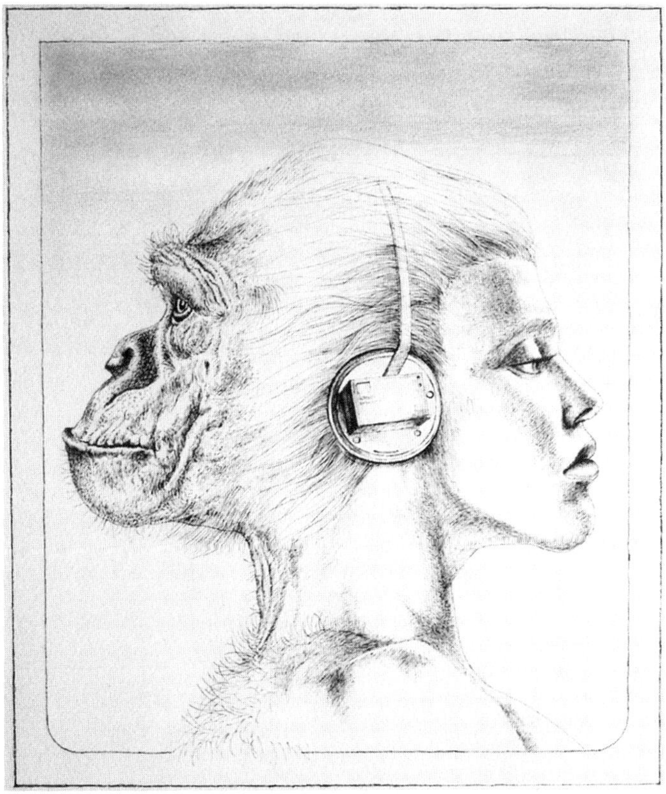

Rainer W. Junker, Januskopf (1986)

1.2 Zeichen der Zeit

Nach der Uhr leben

Wir können Zeitspannen, die durch einen Anfang und ein Ende begrenzt sind, einteilen. Zeit in Stunden, Tagen, Wochen, Monaten und Jahren zu messen, sind wir gewohnt. Das gilt auch für die Zeit unseres Lebens. Wir kennen den Zeitpunkt unserer Geburt, aber auch Jahreszeiten, Arbeitszeiten, Prüfungszeiten, Öffnungszeiten, Urlaubszeiten, die Schulzeit und die Lebenszeit.

1. Überlegt, wann und warum wir zur Beschreibung der genannten Zeitbezeichnungen und damit Zeiteinteilungen den Singular, wann den Plural benutzen.
2. Nennt Sätze, die Zeiteinteilungen zum Ausdruck bringen, an welche wir uns halten müssen. Orientiert euch an folgenden Beispielen:
   - Oscar arbeitet von 7 bis 16 Uhr.
   - Carla öffnet ihr Blumengeschäft nur wochentags.
   - Fritzi hat drei Wochen Urlaub.
   - Die britische Sängerin Amy Winehouse wurde 1983 geboren und starb 2011.
   - Mittwochs habe ich einen angenehmen Stundenplan.
3. Erklärt, wie die genannten Zeiteinteilungen entstanden sind und wie sie gemessen werden. Überlegt in diesem Zusammenhang, ob wir auf diese Formen der Zeiteinteilung Einfluss haben. Bezieht die beiden Abbildungen ein.

Kalenderblätter

Sonnenuhr

Nach der Natur leben

Auch unter biologischen Gesichtspunkten ist Zeit einteilbar. Die Biologie ist die Wissenschaft von den Gesetzen des Lebens überhaupt. Sie untersucht unter anderem die Lebensrhythmen der unterschiedlichen Tier- und Pflanzenarten sowie des Menschen. Hier wird die Zeit nicht nur gemessen, sondern hier werden außerdem bestimmte Lebensphasen oder Reifephasen unterschieden. Solche lassen sich sowohl für den Menschen als auch für andere Lebewesen angeben.

Illustration aus Bartholomäus Anglicus, On the Properties of Things, Die sieben Lebensalter (1486)

4. Beschreibt die Abbildung. Achtet dabei auch auf den Titel der Illustration.
5. Überlegt, worin sich biologische und messbare Zeit unterscheiden. Bezieht die Abbildung mit ein.
6. Beschreibt kulturelle Aspekte des Zeitverständnisses unter Berücksichtigung des folgenden afrikanischen Sprichworts:

Die Europäer haben die Uhr und wir haben die Zeit.

1.3 Das Verhältnis des Menschen zur Zeit

Wir sind endliche Lebewesen mit einer ungewissen Lebenszeit.

Nach der griechischen und römischen Mythologie wird die Lebenszeit von den Schicksalsgöttinnen (auch Geburtsgöttinnen), den Moiren oder Parzen, bestimmt. Unter anderem haben Goethe, Schiller und Hölderlin Gedichte über die Parzen geschrieben, ebenso reich sind die Darstellungsformen in der Bildenden Kunst.

Klotho knüpft den Lebensfaden, Lachesis spinnt ihn und Atrope schneidet ihn ab.

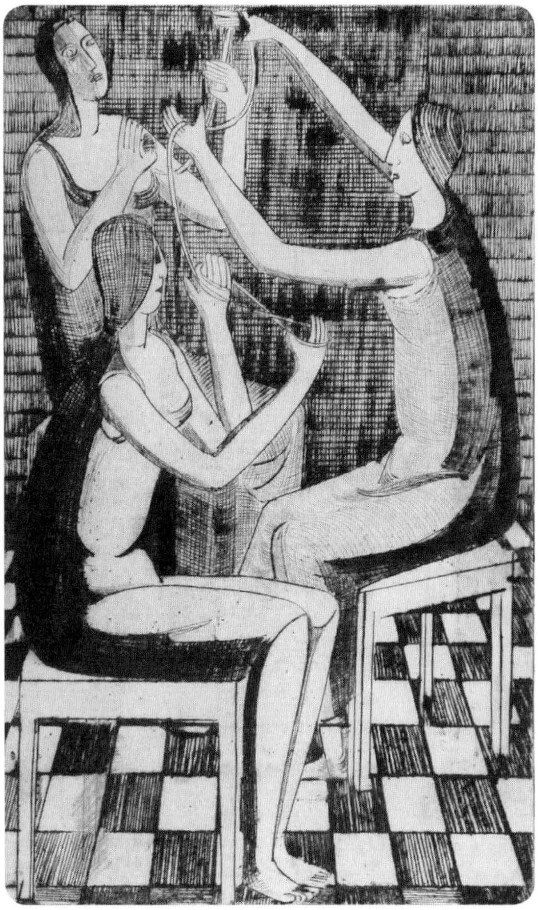

Max Lachnit, Die drei Parzen (1952)

1. Betrachtet die Abbildung und erläutert die Symbolik.
   a) Berücksichtigt besonders die Symbolik der Tätigkeiten Knüpfen, Spinnen, Schneiden.
   b) Überlegt, in welcher Weise sich die genannten Tätigkeiten auf die Endlichkeit des Lebens beziehen lassen.
   c) Charakterisiert den Zusammenhang zwischen den Tätigkeiten und der Zeit.

III 1.1

2. Bezieht die Ergebnisse eurer Untersuchung über Anfang und Ende ein.
3. Charakterisiert das Zeitverständnis, das im Bild zum Ausdruck kommt.

Sucht in unterschiedlichen Medien nach Informationen über die Moiren oder Parzen, besonders nach ihrer Bedeutung in der modernen Kunst und Literatur und bezieht diese mit ein.

Erlebte Zeit

Im folgenden Buchauszug wartet ein Kind darauf, dass man zur Großmutter aufbricht. Ungeduldig fragt es die Mutter:

- *Warum dauert immer alles so lange?*
- *Sei froh [...], dass es so lange dauert. Wenn du groß bist, geht plötzlich alles ganz schnell.–*
- *Warum?*
- *So ist das eben: Wenn man älter wird, vergeht die Zeit schneller.*

Eugen Ruge: In Zeiten des abnehmenden Lichts. Reinbek bei Hamburg 2011, S. 77

4. Stellt die Problematik des Textauszugs dar und erklärt sie.
5. Überlegt, ob ihr Beispiele nennen könnt, die aus eigener Erfahrung das Gesagte bestätigen. Fragt eure Eltern und Großeltern, ob sie dem Gesagten zustimmen.

Die Menschen haben nicht nur ganz unterschiedliche Auffassungen von der Zeit, sie nehmen sie auch unterschiedlich wahr.

6. Charakterisiert die unterschiedlichen Wahrnehmungen mit Hilfe folgender Beispielsätze:
   - Die Zeit ist reif.
   - Er hatte zu viel Zeit verloren.
   - Nutze die Zeit.
   - Mir fehlt die Zeit dafür.
   - Zeit ist Geld.
   - Du stiehlst mir die Zeit.
   - Geize jetzt nicht mit der Zeit.
   - Ich schlage einfach die Zeit tot.

7. Findet weitere Beispielsätze und charakterisiert die jeweilige Wahrnehmung der Zeit.
8. Bemüht euch um eine genauere Beschreibung der Zeit, indem ihr die Sätze in Zusammenhänge stellt, und erläutert, warum *die Zeit reif ist* oder uns *die Zeit fehlt.*
9. Stellt zusammenfassend dar, wie der Mensch die Zeit erlebt. Vergleicht diesen Zeitbezug mit dem Bezug zur messbaren und zur biologischen Zeit.
10. Schreibt eine Geschichte, die mit folgendem Satz beginnt:

Das Datum hatte er während der letzten Tage verloren.

Eugen Ruge: In Zeiten des abnehmenden Lichts. Reinbek bei Hamburg 2011, S. 7

2 Deutungen der Endlichkeit

2.1 Umgang mit dem Tod

Tod und Sterben haben immer eine Rolle für die Betrachtung des menschlichen Lebens gespielt. Die Menschen früherer Jahrhunderte erachteten den Tod eher als etwas Selbstverständliches und von Gott Gewolltes. Bedenken wir, dass mehrere Generationen unter einem Dach lebten, so wird deutlich, dass Tod und Sterben ständige Begleiter waren. Beispiele, welche einen distanzierten, sachlichen Umgang mit Tod und Sterben möglich oder auch notwendig machten, sind: Kriege, Seuchen, hohe Kindersterblichkeit und Naturkatastrophen. Ebenso gehört das Schlachten von Tieren in diesen Bereich.

1. Erklärt den Sinn der Aussage, dass ein sachlicher bzw. distanzierter Umgang mit dem Tod möglich bzw. notwendig sein kann.

Die Inschrift auf der Rathausuhr des Neuen Rathauses in Leipzig lautet:

Mors certa, hora incerta.[1]

2. Erklärt die Aussage.
3. Erläutert den Zusammenhang zwischen der Inschrift, welche die Uhr umrahmt, und der Uhr, welche die aktuelle Zeit anzeigt. Berücksichtigt dabei die Bedeutung der Inschrift und die Bedeutung der Uhr.
4. Überlegt, ob die in der Inschrift getroffene Aussage eher positiv oder eher negativ zu deuten ist. Begründet eure Meinung.

Die Leipziger Rathausuhr

1 Der Tod ist gewiss, die Stunde ungewiss.

2.2 Das Verhältnis von Körper und Seele

Als Lebewesen ist uns der Tod als das Ende des Lebens vorgegeben. Es ist uns aber nicht vorgegeben, was wir unter dem Tod verstehen.

Dazu schreibt der amerikanische Philosoph Thomas Nagel (geb. 1937):

Jeder stirbt, doch nicht alle sind sich darüber einig, was der Tod ist. Einige glauben, sie würden den Tod ihres Körpers überleben, in den Himmel, die Hölle oder sonst wohin auf- oder niederfahren, zu einem Geist werden oder in einem anderen Körper auf die Erde zurückkehren, womöglich noch nicht einmal als menschliche Wesen. Andere sind der Meinung, dass sie aufhören werden zu existieren – dass das Ich „ausgelöscht wird", wenn der Körper stirbt. Und unter jenen, die glauben, dass sie zu existieren aufhören werden, glauben einige, dass dies eine schreckliche Tatsache wäre, andere nicht.

Thomas Nagel: Was bedeutet das alles? Stuttgart 1990, S. 74;

5. Arbeitet die von Thomas Nagel beschriebenen Sichtweisen heraus und erklärt, wie ihr diese versteht. Berücksichtigt dabei das Verhältnis von Körper und Geist in der jeweiligen Auffassung. Von welcher Voraussetzung gehen alle Auffassungen aus, die ein Leben nach dem Tode annehmen?
6. Überlegt, welche Sichtweise der euren am nächsten kommt. Begründet eure Auffassung.

Thomas Nagel interpretiert unter anderem die Möglichkeit der Annahme eines Lebens nach dem Tod in folgender Weise:

Wenn […] jede Person aus einer Seele und einem mit ihr verbundenen Körper besteht,[2] *so lässt sich denken, wie ein Leben nach dem Tode möglich sein könnte. Die Seele müsste bloß allein existieren und auch ohne die Hilfe des Körpers ein inneres Leben haben können: Sie könnte dann den Körper verlassen, wenn dieser stirbt, und würde nicht mit ihm zerstört.*

Thomas Nagel: Was bedeutet das alles? Stuttgart 1990, S. 75;

7. Nennt Eigenschaften von Seele und Körper, die der Text formuliert. Vergleicht sie mit eurem eigenen Verständnis der Begriffe.
8. Arbeitet den Hauptgedanken aus dem Text heraus.

---

2 Die Annahme der Verschiedenheit von Körper und Seele oder von Körper und Geist wird als Körper-Seele-Dualismus bezeichnet.

2.3 Platon: Die Unsterblichkeit der Seele

Die von Thomas Nagel vorgestellte Möglichkeit der Trennung von Körper und Seele finden wir bereits bei Platon (ca. 428 – ca.328 v. Chr.). In seinem Dialog *Phaidon* hat er diese Lehre entwickelt und zu beweisen versucht.

„Wenn Seele und Körper zusammen sind, hat die Natur diesem das Dienen und Beherrschtwerden zugewiesen, jener aber das Herrschen und Gebieten: Welcher von beiden scheint dir unter diesem Gesichtspunkt wiederum dem Göttlichen ähnlich zu sein und welcher dem Sterblichen? Oder scheint dir nicht, dass dem Göttlichen von Natur aus zukommt, zu herrschen und zu befehlen, dem Sterblichen aber, beherrscht zu werden und zu dienen?" […] „Welchem von beiden gleicht also die Seele?"

„Ganz offenbar […] dem Göttlichen und der Körper dem Sterblichen." […] „Wenn sie [die Seele,] sich rein ablöst und nichts vom Körper mit sich zieht, da sie mit ihm ja schon in diesem Leben freiwillig keinen Umgang hatte, […]" […] „Wenn sie in diesem Zustand ist und zu dem ihr Ähnlichen, zum Unsichtbaren fortgeht, zum Göttlichen und Unsterblichen und Einsichtsvollen, wo sie nach ihrer Ankunft glückselig sein wird, erlöst vom Umherirren, von Torheit, Ängsten, hemmungslosen Lüsten und von all den anderen Übeln, die Menschen treffen können, wird sie dann nicht […] ihre künftigen Tage im Kreise der Götter verbringen?"

Platon: Phaidon. Werke, Bd. I 4. Übersetzung und Kommentar von Theodor Ebert. Göttingen 2004, 79d – 81a; © Vandenhoeck & Ruprecht GmbH & Co. KG

!!?

1. Gebt Platons Beschreibung von Körper und Seele wieder. Unterscheidet, welche Bezeichnungen Platon dem Körper und welche er der Seele zuordnet.
2. Charakterisiert das Verhältnis von Körper und Seele.
3. Erläutert, was Platon hier unter Glückseligkeit versteht.

Informiert euch über antike Vorstellungen zu diesem Thema. Beschreibt auf der Grundlage eurer Recherchen die Abbildung. Bezieht dabei vor allem die Namen *Hades*, *Styx* sowie *Charon* mit ein.

Überfahrt der Seelen mit Charon (vorchristliche Darstellung)

2.4 Epikur: Der Tod betrifft uns nicht

Diese Auffassung vertritt der griechische Philosoph Epikur (341–271 v. Chr.). Auszüge aus seinen Texten haben wir bereits kennengelernt. Epikur gibt Ratsuchenden, welche sich in ihrer Angst vor dem Tod an ihn wenden, folgende Antwort:

II 2.2/4.1

Gewöhne dich ferner daran zu glauben, der Tod sei nichts, was uns betrifft. Denn alles Gute und Schlimme ist nur in der Empfindung gegeben; der Tod aber ist die Vernichtung der Empfindung. […] Das Schaudererregendste aller Übel, der Tod, betrifft uns überhaupt nicht; wenn „wir" sind, ist der Tod nicht da; wenn der Tod da ist, sind „wir" nicht. Er betrifft also weder die Lebenden noch die Gestorbenen […].

Epikur: Briefe, Sprüche, Werkfragmente. Übers. und hrsg. von Hans-Wolfgang Krautz. Stuttgart 1980, S. 43–45;

4. Worauf bezieht sich Epikurs Verständnis des Todes? Inwiefern ist der Tod nichts, was uns betrifft?
5. Stellen wir uns Epikur als Zeitgenossen vor. Ihr habt Gelegenheit, euch zu Epikur zu äußern und seine Sichtweise zu kommentieren. Die Art und Weise kann fantasievoll sein und ist euch freigestellt. Wichtig ist, dass ihr eure Meinung begründet. Wählt unter folgenden Möglichkeiten oder denkt euch selbst eine aus:
   - Schreibt einen Brief an den Philosophen.
   - Verfasst einen Kommentar auf Epikurs Internetseite.
   - Schreibt einen Leserbrief an die Zeitung, in welcher sich vor kurzem auch Epikur äußerte.

Bezieht auch folgenden Textauszug Epikurs ein:

Daher macht die richtige Erkenntnis – der Tod sei nichts, was uns betrifft – die Sterblichkeit des Lebens erst genussfähig, weil sie nicht eine unendliche Zeit hinzufügt, sondern die Sehnsucht nach der Unsterblichkeit von uns nimmt.

Epikur: Briefe, Sprüche, Werkfragmente. Übers. und hrsg. von Hans-Wolfgang Krautz. Stuttgart 1980, S. 43;

6. Gebt die Aussage Epikurs mit eigenen Worten wieder.
7. Entwerft einen Dialog, in welchem Argumente für und gegen Epikurs Position ausgetauscht werden, und setzt ihn darstellerisch um.

2.5 Die Auferstehung vom Tode

Eine weitere Darstellung der Möglichkeit des Lebens nach dem Tode ist uns durch das Christentum überliefert. Sie ist enthalten im Glauben an die Auferstehung.

Christus bringt dem, der an ihn glaubt, eine ihrem gesamten Wesen nach neue Befreiung vom Tode […], indem er ein Reich des Geistes offenbart, das dem Tode unzugänglich ist und an dem der Mensch Teil gewinnen kann. Von der neuen Religion erfasst, ist der Mensch imstande, sein sterbliches Leben zu verwandeln und zu überschreiten, liegt doch jenseits des Todes die Möglichkeit eines Lebens, das eigentlich allein dieses Namens würdig ist, weil es in der Ewigkeit besteht.

Paul Ludwig Landsberg: Die Erfahrung des Todes. Berlin 2009, S. 81;

1. Fasst zusammen, worin die Befreiung vom Tod nach der christlichen Lehre besteht.
2. Erläutert mit eigenen Worten, worin die entscheidende Wandlung des Lebens besteht.
3. Erklärt euer Verständnis der Aussage, dass ein würdiges Leben erst nach dem Tod möglich sei.

Recherchiert nach Informationen zum Künstler. Sucht insbesondere nach Informationen zu diesem Bild.

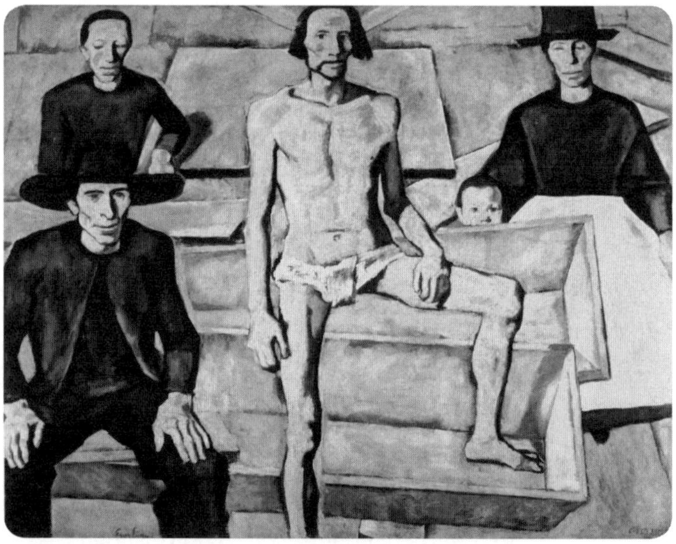

Albin Egger-Lienz, Christi Auferstehung (1923/24)

4. Überlegt, ob der Tod nach der christlichen Auffassung das Ende des Lebens oder überhaupt ein Ende bedeutet. Berücksichtigt den Text aus dem Johannesevangelium:

Ich bin die Auferstehung und das Leben. Wer an mich glaubt, wird leben, auch wenn er stirbt […].

Bibel, Neues Testament, Johannes 11, 25

5. Bestimmt den Zusammenhang zwischen Leben und Tod in der christlichen Auffassung genauer, indem ihr andere Bezeichnungen für den Tod findet, die der christlichen Sicht entsprechen.
6. Erfasst mit Hilfe der Abbildung, in welcher Weise der Körper in die Vorstellung von der Auferstehung einbezogen ist.

Der Bezug zur Auferstehung verdeutlicht sich auch in der Aussage des französischen Philosophen Michel de Montaigne (1533–1592), der im Anschluss eine Stelle aus der Bibel (Philipper 1,23) zitiert:

Manchmal scheint der Tod auch deshalb wünschenswert, weil durch ihn der Gewinn von etwas Größerem erhofft wird.
„Ich habe Lust abzuscheiden, um bei Jesus Christus zu sein […]"

Michel de Montaigne: Eine Sitte auf der Insel Keos (1580), zitiert nach: Die Essais. Ausgew., eingel. und übertr. von Arthur Franz. Stuttgart 1989, S. 160; © Philipp Reclam jun. GmbH & Co. KG, Stuttgart

7. Erklärt den Zusammenhang zwischen beiden Zitaten.
8. Setzt die Aussagen zu anderen Zitaten in diesem Abschnitt in Beziehung.

Der Tod als Übergang

Schon immer bereiteten die Religionen den Menschen auf das Sterben vor. Und schon die Gräber der Steinzeitmenschen und die gewaltigen Grabstätten der Ägypter zeugen von einem Glauben an ein Leben nach dem Tod. Und bis heute stimmen alle großen Religionen darin überein, dass der Mensch, so wie er gewöhnlich lebt, unwirklich lebt, unfrei, nicht mit sich identisch, dass also der Jetzt-Status *des Menschen unbefriedigend, leidvoll, unglücklich ist. Und warum? Weil der Mensch getrennt, entfremdet leben muss von jener verborgenen allerletzten, allerhöchsten Wirklichkeit („Ultimate Reality"), die seine wahre Heimat ist, seine eigentliche Freiheit ausmacht, seine wirkliche Identität bedeutet und die man das Unverfügbare, Unbedingte, Unaussprechliche, das Absolute, die Gottheit, Gott oder auch anders nennt. Der Sinn des Daseins vollendet sich in seinem Ende. Der Tod – das große Geheimnis: Kein Verenden, sondern die Vollendung.*

Hans Küng: Menschenwürdig sterben, in: Hans Küng, Walter Jens: Menschenwürdig sterben. München, Zürich 1998, S. 33–34; © Piper Verlag GmbH München

9. Gebt Hans Küngs Beschreibung des *Jetzt-Status* wieder.
10. Erklärt die Deutung des Todes mit Hilfe des Textes.
11. Erläutert, welche Konsequenzen diese Deutung des Todes für den *Jetzt-Status* hat.
12. Beschreibt die Abbildung.
13. Stellt einen Bezug zwischen der Abbildung und dem Text von Küng her.

Jean-Jacques Sempé, Ende des ersten Teils (1982)

2.6 Hume: Einwände gegen die Unsterblichkeit der Seele

David Hume (1711–1776) setzt sich intensiv mit der Frage nach der Unsterblichkeit der Seele auseinander. Er hat einen Essay zu diesem Thema verfasst, der erst nach seinem Tode (1777) und zunächst auch nicht unter seinem Namen erschien:

Die Schwachheit des Körpers und des Geistes[3] sind in der Kindheit einander genau angepasst; ihre Stärke im Mannesalter, ihre sympathetische[4] Störung bei Krankheit, ihr gemeinsamer allmählicher Zerfall im Alter. Der weitere Schritt scheint unvermeidlich: ihre gemeinsame Auflösung im Tod.

David Hume: Über die Unsterblichkeit der Seele (1777), zitiert nach: Die Naturgeschichte der Religion [u. a.]. Übers. und hrsg. von Lothar Kreimendahl. Hamburg 1984, S. 84; © Meiner Verlag GmbH

1. Arbeitet aus dem Text heraus, wie Hume das Verhältnis von Körper und Geist in den unterschiedlichen Reifephasen des menschlichen Lebens bestimmt.
2. Erklärt die Schlussfolgerung Humes.
3. Deutet die Tatsache, dass der Essay zunächst nicht unter Humes Namen erschien.

Recherchiert dazu in Humes Biographie.

Hume bringt eine weitere Überlegung gegen die Unsterblichkeit der Seele ins Spiel:

Wenn wir nach der gewöhnlichen Analogie[5] der Natur urteilen, so kann keine Art fortbestehen, wenn sie in Lebensbedingungen versetzt wird, die von ihren ursprünglichen sehr verschieden sind. Bäume gehen im Wasser zugrunde, Fische in der Luft, Tiere in der Erde. Selbst ein so geringer Unterschied wie der des Klimas wirkt sich oft tödlich aus. Welchen Grund gibt es folglich sich einzubilden, dass eine so ungeheuere Veränderung, wie sie die Seele durch die Auflösung des Körpers und all seiner Denk- und Empfindungsorgane erfährt, ohne die Auflösung des Ganzen vor sich gehen könnte?

David Hume: Über die Unsterblichkeit der Seele (1777), zitiert nach: Die Naturgeschichte der Religion [u. a.]. Übers. und hrsg. von Lothar Kreimendahl. Hamburg 1984, S. 85; © Meiner Verlag GmbH

4. Erklärt den Vergleich, den Hume anstellt.
5. Hume schlussfolgert mit einer Frage. Formuliert diese in eine Aussage um.
6. Kommentiert die Formulierung „einzubilden" in Humes Aussage und bezieht eure Überlegungen aus Aufgabe 3 mit ein.

Das Grabmal David Humes in Edinburgh

3 „Geist" hier in der Bedeutung von: „Seele".
4 „sympathetisch" hier in der Bedeutung von: „gleich empfunden"
5 Gleichartigkeit oder Ähnlichkeit

2.7 Tod als Aufhebung in der Natur

In manchen Kulturen ist der Umgang des Menschen mit dem Tod durch seine besondere Bindung an die Natur bestimmt. Dies wird im folgenden Gedicht der Pawnee-Otoc-Indianerin Anna Lee Walters (geb. 1946) deutlich:

Lied der Erde

Ich bin von der Erde
Sie ist meine Mutter
Sie gebar mich mit Stolz
Sie zog mich auf mit Liebe
Sie wiegte mich am Abend
Sie schob den Wind herbei und ließ ihn singen.
Sie errichtete mir ein Haus aus harmonischen Farben.
Sie nährte mich mit den Früchten ihrer Felder.
Sie belohnte mich mit Erinnerung an ihr Lächeln.
Sie bestrafte mich mit dem Dahinschwinden der Zeit.
Und am Ende
wenn ich mich danach sehne
fortzugehen,
wird sie mich umarmen
für alle Ewigkeit.

Zitiert nach: Rudolph Kaiser: Indianischer Sonnengesang. Freiburg, Basel, Wien 1993, S. 150

7. Arbeitet aus dem Gedicht die Beziehung der Autorin zur Natur heraus und belegt eure Aussagen am Text.
8. Beschreibt den Zusammenhang, der zwischen der Erde, dem Tod und dem Menschen ausgedrückt wird.

3 Anfang und Ende – Geburt und Tod

3.1 Anfangen können

Stufen
Wie jede Blüte welkt und jede Jugend
Dem Alter weicht, blüht jede Lebensstufe,
Blüht jede Weisheit auch und jede Tugend
Zu ihrer Zeit und darf nicht ewig dauern.
Es muss das Herz bei jedem Lebensrufe
Bereit zum Abschied sein und Neubeginne,
Um sich in Tapferkeit und ohne Trauern
In andre, neue Bindungen zu geben.
Und jedem Anfang wohnt ein Zauber inne,
der uns beschützt und der uns hilft zu leben. [...]

Hermann Hesse: Stufen (1941). Ausgewählte Gedichte. Frankfurt/M. 1972, S. 239;

1. Untersucht den Text von Hermann Hesse zunächst hinsichtlich seines Titels. Überlegt, welche Stufen gemeint sind.

Eine bekannte Verszeile im Gedicht wollen wir auf ihre begriffliche Genauigkeit hin untersuchen.

2. Analysiert die Formulierung „Und jedem Anfang wohnt ein Zauber inne [...]“. Achtet dabei insbesondere
   a) auf den Schlüsselbegriff *Anfang*
   b) darauf, dass hier von „jedem“ Anfang die Rede ist.
3. Untersucht den Zusammenhang der Begriffe *Anfang* und *Abschied* im Gedicht.
4. Überprüft die Aussage des Gedichts dahingehend, ob wir persönlich auf den Anfang bzw. die Anfänge einen Einfluss haben.
5. Untersucht abschließend den Text daraufhin, wie der Begriff Anfang mit Einstellungen / Sichtweisen / Stimmungen verknüpft ist.

Die menschliche Geburt als Anfang

Die Philosophin Hannah Arendt (1906–1975) bestimmt die Geburt als eine besondere Form des Anfangs, die mit der Einzigartigkeit eines jeden Menschen in Zusammenhang steht.

Tafel am Geburtshaus von Hannah Arendt in Hannover-Linden, Marktplatz 2

Sprechen und Handeln sind die Tätigkeiten, in denen diese Einzigartigkeit sich darstellt. [...]
Sprechend und handelnd schalten wir uns in die Welt der Menschen ein, die existierte, bevor wir in sie geboren wurden, und diese Einschaltung ist wie eine zweite Geburt, in der wir die nackte Tatsache des Geborenseins bestätigen, gleichsam die Verantwortung dafür auf uns nehmen. Aber wiewohl niemand sich diesem Minimum an Initiative ganz und gar entziehen kann, so wird sie doch nicht von irgendeiner Notwendigkeit erzwungen wie das Arbeiten, sie wird auch nicht aus uns gleichsam hervorgelockt durch den Antrieb der Leistung und die Aussicht auf Nutzen. Die Anwesenheit von anderen, denen wir uns zugesellen wollen, mag in jedem Einzelfall als ein Stimulans[6] wirken, aber die Initiative selbst ist davon nicht bedingt; der Antrieb scheint vielmehr in dem Anfang selbst zu liegen, der mit unserer Geburt in die Welt kam, und dem wir dadurch entsprechen, dass wir selbst aus eigener Initiative etwas Neues anfangen. [...]
Weil jeder Mensch aufgrund des Geborenseins ein initium, *ein Anfang und Neuankömmling in der Welt ist, können Menschen Initiative ergreifen, Anfänger werden und Neues in Bewegung setzen.*

Hannah Arendt: Vita activa oder Vom tätigen Leben. München 1987, S. 165–166;

6. Charakterisiert Arendts Begriff von der zweiten Geburt des Menschen.
7. Unterscheidet diesen von der nackten Tatsache des Geborenseins.
8. Erläutert den Begriff *initium* (Anfang).
9. Überlegt, weshalb Arendt *Initiative* (Anfangen) nicht auf *Arbeit* und *Nutzen* reduziert. Berücksichtigt dabei Hesses Begriff des Anfangs als *Zauber.*
10. Gestaltet eine Collage / ein Schaubild, welches Ereignisse eures Lebens darstellt, die eurer Meinung nach dem Begriff *initium* gerecht werden.
11. Erklärt den Zusammenhang zwischen *Initiative* und *Verantwortung.*

---

6 Stimulans: hier Anregung.

3.2 Der Tod als Ende

III 2.1

Erinnert euch an die Inschrift der Uhr des Neuen Rathauses in Leipzig. Der Tod ist das Ende jedes menschlichen Lebens und somit allgemein als Ende bestimmbar. Der Zeitpunkt des Todes aber ist unbestimmt und insofern nicht festgelegt.

1. Beschreibt die beiden Bezüge zum Tod, die in der Inschrift enthalten sind. Geht dabei von folgender Aussage aus: „Der Tod ist der Möglichkeit nach zu jedem Zeitpunkt des Lebens gegeben. Er ist anwesend und abwesend zugleich."
2. Zieht daraus mögliche Schlussfolgerungen für den Umgang mit dem Tod.
3. Beschreibt die Zeichnung von Käthe Kollwitz (1867–1945).
4. Deutet Mimik und Gestik, besonders die Hand des Todes.
5. Bei dem Bild handelt es sich um ein Selbstporträt. Ergründet mögliche Motive der Malerin, sich in dieser Weise darzustellen.

Käthe Kollwitz, Ruf des Todes (1937)

Weil der Tod jeden betrifft, können wir allgemeine Aussagen über den Tod machen. Er ist aber zugleich in besonderer Weise mit dem eigenen menschlichen Leben verknüpft und dadurch individuell, mit der Einzigartigkeit jedes Menschen verbunden. Wenn wir über den Tod nachdenken, dann als Lebende. Wie jeder Mensch eigene Vorstellungen über sein Leben hat, so hat er diese auch über seinen Tod.

6. Erläutert, inwiefern der Tod allen Menschen gemeinsam ist und sie doch trennt.
7. Wie versteht ihr die Aussage, dass wir als Lebende über den Tod nachdenken? Berücksichtigt, dass wir dadurch ganz unterschiedliche Beziehungen zum Tod einnehmen können, und er uns jeweils näher und ferner ist.

3.3 Wie wollen wir sterben?

Michel de Montaigne (1533–1592) hält in seinen Erinnerungen fest:

Der Tod ist nur ein Augenblick; aber es ist ein so gewichtiger Augenblick, dass ich leicht viele Tage meines Lebens dafür gäbe, um ihn zu überstehen, wie ich möchte.

Michel de Montaigne: Alles ist eitel (1580), zitiert nach: Die Essais. Ausgew., eingel. und übertr. von Arthur Franz. Stuttgart 1989, S. 337; © Philipp Reclam jun. GmbH & Co. KG, Stuttgart

8. Analysiert diese Aussage unter besonderer Berücksichtigung der Formulierung *gewichtiger Augenblick*. Untersucht den Zusammenhang zwischen Dauer und Gewicht des Todes.

Montaigne schreibt weiter:

Ich begnüge mich mit einem innerlich gesammelten, stillen und einsamen Tod, der ganz mein Tod ist […]. Beim Sterben hat die Gemeinschaft nicht mitzuspielen; dieser Akt ist ein Monolog. Zum Leben und Lachen gehören die Unseren dazu; Sterben und ein saueres Gesicht ziehen, dazu passen Unbekannte besser: gegen Bezahlung können wir einen Pfleger haben, der uns den Kopf richtig legt, der uns die Füße warm reibt, der uns nur soviel drückt, wie wir wollen, und uns dabei eine gleichgültige Miene zeigt. Dabei können wir uns aufführen und jammern, wie es uns ums Herz ist.

Michel de Montaigne: Alles ist eitel (1580), zitiert nach: Die Essais. Ausgew., eingel. und übertr. von Arthur Franz. Stuttgart 1989, S. 335–336; © Philipp Reclam jun. GmbH & Co. KG, Stuttgart

9. Arbeitet den Hauptgedanken aus dem Text heraus. Achtet insbesondere auf die Charakterisierung des Sterbens durch Montaigne. Wie begründet Montaigne seine Position?

In der aktuellen gesellschaftlichen Diskussion wird es häufig mit Skepsis betrachtet, wenn alte Menschen keine andere Alternative haben als im Altersheim oder im Pflegeheim zu sterben. Wäre es nicht natürlich, wenn die Jungen, weil ihnen von den Eltern das Leben geschenkt worden ist und diese sich in deren ersten Lebensjahren um sie kümmerten, nun für die Alten sorgen?

Anders gesagt: Haben Kinder eine moralische Pflicht, ihre Eltern im Alter zu begleiten oder zu betreuen, auch beim Sterben? Ist das Sterben in fremder Begleitung entwürdigend?

10. Analysiert die unterschiedlichen Möglichkeiten für Beziehungen zwischen Sterbendem und Pflegendem.
    a) Differenziert dabei zwischen der Pflege durch Pflegepersonal, durch Angehörige oder durch Freunde.
    b) Bezieht in eure Untersuchung mögliche Veränderungen hinsichtlich Nähe / Distanz zwischen Pflegendem und Sterbendem mit ein.
11. Setzt euch auf der Grundlage dieser Gesichtspunkte und eurer Ergebnisse mit Montaignes Auffassung auseinander.

3.4 Hilfe im Sterben – Bedürfnisse Sterbender

Für die angemessene Betreuung oder Begleitung Sterbender ist eine Orientierung an den Grundbedürfnissen der zu Pflegenden unerlässlich.

Dazu gehören ausreichende Ernährung ebenso wie körperliche Pflege und Schmerzfreiheit.

1. Recherchiert selbst nach weiteren Bedürfnissen Sterbender, die unbedingt zu beachten sind, und beschreibt sie mit eigenen Worten.
2. Erläutert, was ihr unter dem Anspruch der Sterbenden auf Selbstbestimmung versteht, und tauscht euch darüber aus.
3. Denkt darüber nach, in welchem Verhältnis dieser Anspruch zu den Grundbedürfnissen jedes Menschen steht. Haltet das Ergebnis fest.

Mit dem Verhältnis des Grundbedürfnisses nach Nahrung und der Berücksichtigung von Wünschen alter Menschen, Kranker und Sterbender setzt sich Michael de Ridder (Arzt und Vorsitzender einer Stiftung für Palliativmedizin[7]) auseinander. Er betrachtet die medizinische Praxis, alten Menschen und Sterbenden eine Ernährungssonde zu legen.

Ebenfalls ist die Anlage einer Ernährungssonde [...] nicht mit Beweggründen wie Personal- oder Zeitmangel, die mit individuellen Patienten und seinen Bedürfnissen nichts zu tun haben, zu rechtfertigen. Das Füttern von Pflegeheimbewohnern und Hunger und Durst zu stillen mag zeitaufwendig und für die Pflegeperson belastend sein. Dennoch, das Stillen von Hunger und Durst als personale und nicht als technische Leistung den Schwächsten unserer Gesellschaft zukommen zu lassen ist auch ein Lackmustest[8] für eine Gesellschaft, die den Anspruch erhebt, eine humane und zivile sein zu wollen.

Michael de Ridder: Wie wollen wir sterben? München 2010, S. 73

4. Gebt die Hauptaussage de Ridders mit eigenen Worten wieder.
5. Stellt einen Bezug des Gesagten zu den Anforderungen an eine „humane und zivile" Gesellschaft her.

Informiert euch über die Praxis künstlicher Ernährung in Pflegeheimen und Krankenhäusern und die damit verbundene gesellschaftliche Diskussion.

---

7 Lat.: *pallium* = Mantel; hier im Sinne von Schutz, Palliativmedizin = bestmögliche Behandlung und Betreuung schwerstkranker Menschen und Sterbender.
8 Lackmustest: ein entscheidender Test, hier: Qualitätstest.

Formen der Sterbebegleitung

Sterbebegleitung stellt unterschiedliche Anforderungen an Angehörige, Freunde, Ärzte und Pflegekräfte.

6. Überlegt, was es bedeuten könnte, für jemanden zu sorgen, der stirbt.
   a) Versucht, euch in die Lage eines Menschen zu versetzen, der einen sterbenden Angehörigen betreut. Mit welchen Ängsten und Hoffnungen könnte diese Betreuung verbunden sein?
   b) Welche Konflikte könnten entstehen? III 3.3

Ernst Barlach, Barmherziger Samariter (1919)

Die Ärztin Elisabeth Kübler-Ross (1927–2004) hat über einen Zeitraum von ca. 2 Jahren schwerkranke, alte und sterbende Patienten untersucht und im Sterben begleitet. Aus der Sicht der Medizinerin lassen sich mehrere Sterbephasen unterscheiden. Wir stellen euch die ersten beiden Phasen vor.

Die erste Phase: Nichtwahrhabenwollen und Isolierung: *In dieser Phase leugnen die Patienten das Sterben, um ihr „Leben überhaupt fortsetzen zu können".*
Die zweite Phase: Zorn: *Diese Phase ist verbunden mit der Frage „Warum denn gerade ich?". Das Gefühl des Zorns, „plötzlich vom vitalen Dasein ausgeschlossen" zu sein, nicht mehr dazuzugehören, kann sich gegen alle richten: Ärzte, Pflegepersonal, die Familie.*

nach Elisabeth Kübler-Ross: Interviews mit Sterbenden. München 1999, S. 59–60, S. 73–74

7. Haltet in einem Schreibgespräch fest, wie ihr die erste Sterbephase versteht und weshalb in ihr die Isolierung des Patienten hervorgehoben wird.
8. Überlegt, weshalb sich der Zorn des Sterbenden, der die zweite Phase kennzeichnet, gegen alle ihn umgebenden Menschen richten kann, auch gegen seine Familie.

Recherchiert nach den weiteren Phasen des Sterbens, die Kübler-Ross differenziert, und ihrer Beschreibung. Bezieht vor allem das Verhältnis zu anderen Menschen ein.

Recherchiert zur Hospizbewegung als einer Form der Sterbebegleitung.
   a) Informiert euch über Beginn und Entwicklung der Bewegung.
   b) Untersucht ihre Ziele und die Grundsätze ihrer Arbeit.
   c) Erkundigt euch nach Hospizen in eurer näheren Umgebung.

3.5 Was ist Trauer?

1. Erstellt Wortfelder zum Begriff *Trauer*.

Wissen

Trauer ist eine Stimmung. Sie entsteht durch die Erfahrung oder die Vorstellung eines Verlustes. Der Verlust eines nahen Menschen wird besonders stark empfunden. Das bedeutet Schmerz für unsere Seele, aber auch unser Körper leidet unter dem Verlust des Liebgewonnenen. Trauer verändert uns. Wir betrachten die Welt anders als zuvor. Die alte „Ordnung" kann nicht wieder hergestellt werden.
Trauer kann uns ganz ergreifen und überwältigen, hilflos machen, unterschiedlich stark ausgeprägt sein und unterschiedlich lange andauern. Die Intensität der Trauer zeigt uns nicht nur, worüber wir trauern, sondern sagt auch etwas über den Trauernden aus – über den Grad der Beziehung zum Betrauerten.

2. Erklärt die Aussagen dieses Textes. Nennt Beispiele für das Gesagte und beachtet dabei, dass Trauer ein Phänomen ist, das wir mit ganz unterschiedlichen Erlebnissen verbinden. Arbeitet den Unterschied zwischen *sich traurig fühlen* und *trauern* anhand weiterer Beispiele heraus.
3. Überlegt, ob zwischen der Trauer und dem Tod ein besonderer Zusammenhang besteht.
4. Beschreibt die Abbildung, die ein Bronzerelief von Käthe Kollwitz zeigt, und interpretiert sie.
5. Tauscht euch über euer Verständnis des Wortes *Klage* aus. Sucht nach Synonymen für das Wort *Klage* und überlegt, ob sie sich hinsichtlich ihrer Bedeutung geringfügig unterscheiden.
6. Wie versteht ihr die Gestik der dargestellten Person?

Recherchiert nach Musikstücken, die Klage zum Ausdruck bringen.

Käthe Kollwitz, Die Klage (1938/40)

3.6 Trauerrituale

Was ist ein Ritual?

Wissen

Als *Ritual* wird eine nicht alltägliche, symbolische Handlung bezeichnet, bei der man nach einer bestimmten, oft traditionell festgelegten Ordnung vorgeht. Rituale haben ihren Ursprung häufig in Religionen.
Von einem Ritual wird dann gesprochen, wenn sich die Vorgehensweise wiederholt. Das kann täglich, wöchentlich oder jährlich sein, ebenso lassen sich als Anlass aber auch bestimmte Situationen feststellen.

Trauerrituale verschiedener Kulturen

Im alten Ägypten kannte man so genannte Klageweiber, welche von den Trauernden dafür bezahlt wurden, dass sie den aufgebahrten Toten laut beweinten. Überlieferungen zufolge rauften sich die hellblau gekleideten Frauen während des Begräbnisses ihr offenes Haar, weinten und jammerten laut, entblößten die Brust und schlugen sich darauf. Als weiteres Zeichen der Trauer bewarfen sich die Klageweiber mit Erde.

7. Betrachtet die Abbildung und beschreibt eure Wahrnehmungen.
8. Sucht nach Erklärungen für die Handlungen der Klageweiber.
9. Vergleicht die Bedeutung der Klage in unterschiedlichen Kulturen.

III 3.5

Wandbild in Theben am Grab von Ramose (ca. 1388–1350 v. Chr.)

Eines der ältesten Rituale ist das der Bestattung. In fast allen Kulturkreisen werden die Toten bestattet. Dies erfolgt auf unterschiedliche Art und Weise.

10. Tragt zusammen, welche verschiedenen Arten der Bestattung ihr kennt. Bezieht Bestattungsarten anderer Kulturkreise mit ein. Findet heraus,
    a) welche Vorbereitungen getroffen werden,
    b) wie sie ablaufen,
    c) ob sie den Verstorbenen gerecht werden,
    d) welche Bedeutung sie für die Hinterbliebenen haben.

Recherchiert, welche Rituale es außerdem im Umgang mit dem Tod gibt bzw. gab.

3.7 Antigones Trauer

Antigone, eine antike Tragödienfigur, gerät in ihrer Trauer in einen tiefen Konflikt. Ihr Bruder Eteokles, der auf der Seite der Vaterstadt Theben kämpfte und starb, wird nach alter Sitte beigesetzt. Ihr Bruder Polyneikes aber fiel aufgrund eines alten Streites auf der Seite des Feindes. Kreon, der König der Stadt und der Onkel der Geschwister, verkündet:

Polyneikes [...] ihm solle, so ward eurer Stadt es kundgetan, niemand ein Grabmal schmücken, noch beklagen ihn. Nein, unbestattet lieg' er, zur Verstümmelung, zum Fraß für Hund' und Vögel, graunvoll anzusehn. So lautet nun mein Wille: [...].

Sophokles: Antigone. Übers. von Johann Jakob Christian Donner. Heidelberg 1839, S. 163

Marie Spartali Stillman, Antigone (Anf. 20. Jh.)

Antigone widersetzt sich. Immer wieder geht sie zum Schlachtfeld und bedeckt Polyneikes mit Erde. Schließlich wird sie gefangen genommen und zu Kreon geführt. Ihr Handeln und damit den Bruch des von Kreon erlassenen Gesetzes leugnet sie nicht.

Jedoch beruft sie sich darauf, dass kein Unsterblicher – weder Zeus noch ein anderer Gott – ihr dieses Gesetz verkünden ließ, sondern dass es von Sterblichen erlassen worden sei. Sie erachtet Kreon nicht als so mächtig, dass er die ewigen göttlichen Gesetze übertreten könne.

nach Sophokles: Antigone. Übers. von Johann Jakob Christian Donner. Heidelberg 1839, S. 172

1. Arbeitet aus der Antwort Antigones ihre Begründung für ihr Tun heraus.
2. Bezieht in Antigones Begründung das Bild mit ein. Welche Auffälligkeiten entdeckt ihr, die Antigone in ihrem Tun möglicherweise bestärken könnten?
3. Im Bild rechts neben Antigone ist ihre Schwester Ismene zu sehen. Beschreibt Ismene und interpretiert ihr Verhalten.
4. Klärt die Bedeutung des Rituals für Antigone.
5. Überlegt, ob das Ritual für Ismene eine andere Bedeutung haben könnte.

3.8 Trauerphasen

Seit einiger Zeit beschäftigen sich Wissenschaftler damit, wie die Zeit der Trauer zu beschreiben ist. Was sind ihre Merkmale? Gibt es Parallelen in der Entwicklung des Trauerns? An den Beobachtungen des amerikanischen Kinderarztes und Psychoanalytikers John Bowlby orientiert sich die Schweizer Psychotherapeutin Verena Kast (geb. 1943). Sie versteht die Trauer als natürlichen Prozess und unterscheidet mehrere Trauerphasen.

Nicht-Wahrhabenwollen: *Hier kann eine Empfindungslosigkeit auftreten. Der Tod der nahe stehenden Person wird für einen Irrtum gehalten. Schmerzgefühle können nicht wahrgenommen werden, der Trauernde wirkt abgestumpft. Die Wissenschaft vergleicht diese Phase mit einem Gefühlsschock.*
Aufbrechende Emotionen: *Das können tiefe Verzweiflung, Protest, Zorn und ohnmächtige Wut, aber auch Niedergeschlagenheit, Angst und Schuldgefühle sein.*

nach Verena Kast: Trauern. Phasen und Chancen des psychischen Prozesses.
Berlin, Stuttgart 1982, S. 61–63

6. Überlegt, weshalb das Trauern zu den Lebensäußerungen gehört, die den Menschen am meisten herausfordern. Berücksichtigt die in beiden Trauerphasen beschriebenen Gefühle.

Recherchiert die weiteren Trauerphasen, die Verena Kast nennt, und untersucht ihren Zusammenhang.

7. Erläutert die Merkmale der Trauerphasen. Erklärt euch gegenseitig, wie ihr die Aufteilung versteht.
8. Versucht aus eurer Analyse Anforderungen an die Begegnung mit Trauernden in den einzelnen Phasen zu formulieren. Begründet diese Anforderungen.
9. Sucht nach einem Zusammenhang zwischen den Sterbe- und den Trauerphasen. Haltet das Ergebnis fest und versucht es zu erklären.

III 3.4

Vincent van Gogh, Trauernde Frau (1882)

4 Grenzen und Sinn des Lebens

4.1 Auf der Suche nach dem Sinn des Lebens

Wir sind es gewohnt, über unser Handeln nachzudenken, Bilanz zu ziehen oder vorauszuschauen und uns Ziele zu setzen. Das gilt für einzelne Lebensabschnitte. Aber können wir auch das ganze Leben beurteilen? Vor allem: Wonach beurteilen wir es? Können wir gar Kriterien dafür angeben?

Der Schriftsteller Walter Jens (geb. 1923) hat 1962 folgende Antwort gegeben:

Vielleicht bedeutet es eine kleine Hilfe für Sie, wenn ich Ihnen rate, diesen Sinn nicht nur in großen Dingen suchen zu wollen. Fangen Sie mit den kleinen Dingen Ihrer täglichen Umgebung und Ihres alltäglichen Tagesablaufes an, versuchen Sie, in diesem bescheidenen Bereich zwischen sinnvoll und sinnlos zu unterscheiden – ich glaube, dass jeder Mensch über ein solches Urteilsvermögen verfügt […].

DIE ZEIT, 07. 04. 2004

1. Überprüft euren Tagesablauf (möglichst über mehrere Tage) unter dem Aspekt *sinnvoll/sinnlos*. Stellt euer Ergebnis anschaulich dar. Beurteilt dieses Ergebnis.
2. Setzt die Untersuchung fort, indem ihr eure bisherige Lebensgeschichte daraufhin untersucht, was euch hier besonders wichtig und bedeutsam war, aber auch, wann ihr die Erfahrung von Überflüssigem und Unbedeutendem gemacht habt. Haltet das Ergebnis fest.
3. Überlegt, ob ihr solche Betrachtungen oder Erfahrungen in eurem täglichen Leben berücksichtigt. Formuliert mögliche Argumente, dies zu tun oder nicht zu tun.

Der amerikanische Philosoph Thomas Nagel macht uns auf eine Besonderheit der Sinnfrage aufmerksam:

[…] worin liegt also das Problem? Es liegt darin, dass es zwar innerhalb *des Lebens Rechtfertigungen und Erklärungen für die meisten unserer großen und kleinen Taten gibt, dass jedoch keine dieser Erklärungen den Sinn unseres* Lebens *als Ganzes angeben – des Ganzen, von dem diese Aktivitäten, diese Erfolge und Fehlschläge, Bemühungen und Enttäuschungen, Teile sind. Wenn wir über die* ganze *Sache nachdenken, so scheint sie überhaupt keinen Sinn zu haben. Von außen betrachtet wäre es egal, wenn es uns überhaupt nicht gegeben hätte. […]*
Wenn jemand existiert, so hat er gewisse Bedürfnisse und Anliegen, aufgrund derer ihm bestimmte Dinge und Personen in seinem Leben nicht egal sind. Doch die gesamte *Sache hat keinen Sinn.*

Thomas Nagel: Was bedeutet das alles? Stuttgart 1990, S. 80–81;

4. Arbeitet heraus, worauf sich unsere Urteile über ein sinnvolles Leben nach Nagel beziehen. Achtet auf die Begriffe *innerhalb des Lebens* und *von außen betrachtet*.
5. Worin sieht Nagel die Grenze der Anwendung der Sinnfrage?
6. Setzt euch mit beiden Perspektiven auseinander, unter denen Nagel die Sinnfrage behandelt.

Weshalb stellen wir die Frage nach dem Sinn des Lebens?

Gerade im Bezug auf den Tod lässt sich die Frage, weshalb wir überhaupt leben, nicht einfach abweisen. Auch wenn sie vielleicht nicht von allen Menschen gestellt wird, interessiert uns, was sich hinter dieser Frage verbirgt.

7. Suchen Menschen, wenn sie die Frage nach dem Sinn des Lebens stellen, nach einem Grund oder einer Rechtfertigung ihres eigenen Lebens, der über das Lebensende hinausweist?
8. Setzt euch mit der Sinnfrage auseinander, indem ihr folgende mögliche Antworten beurteilt: Der Sinn des Lebens besteht:
   a) in der Zufriedenheit mit meinem Leben,
   b) in der Verbesserung des Lebens unserer Nachkommen,
   c) im Fortschreiten der menschlichen Geschichte.
9. Sucht selbst nach einer Antwort, die euch überzeugt.

Albert Anker, Sinnender Knabe (2. Hälfte 19. Jh.)

4.2 Hat das Leben einen Sinn?

Im Jahr 1962 schreiben zwei junge Leute (ein 24-jähriger Psychologiestudent und seine 17-jährige Freundin) an Schriftsteller. Sie bitten um Antwort auf zwei Fragen:

Glauben Sie, dass das Leben einen Sinn hat? Und wenn ja, welchen?

DIE ZEIT, 07. 04. 2004

Im Folgenden findet ihr eine Auswahl aus einigen Briefen:

Carl Zuckmayer: *[…] über diese Frage haben sich, seit es Menschen gibt, die größten Geister der Welt den Kopf zerbrochen […] Sie wird einem nicht auf der Straße beantwortet.*

Helmut Kirst: *Sie haben mir vermutlich die schwerste Frage gestellt, die einem Menschen gestellt werden kann. Und ich weiß auch, dass die meisten darauf eindeutig und lautstark mit „ja" antworten würden. Doch […] so einfach ist das gar nicht.*

Raoul Hausmann: *[…] soweit ich das jemals sehen konnte, hat das Leben KEINEN Sinn. Das ist dumm und traurig, aber man muss sich bescheiden können […] Sie wissen nicht, wozu Sie da sind? Versuchen Sie vor allem DA zu sein.*

Luise Rinser: *Sie stellen mir da eine Frage, die man nicht so einfach mir-nichts-dir -nichts beantworten kann […] Ich könnte sagen, fragen Sie nicht danach, sondern leben Sie, wie man leben soll: sein Tagwerk getreulich erfüllen, Menschen lieben, Gutes tun in vieler Form […] Ich könnte sagen: der Sinn des Lebens ist das Leben. […] Wozu, woraufhin leben wir? Um Erfolg zu haben, Kinder zu haben, Geld zu verdienen – und dann zu sterben? […]*

Walter Jens: *O ja, ich glaube sehr wohl, dass das Leben einen Sinn hat. Allerdings glaube ich auch, dass dieser Sinn für jeden Menschen anders aussieht, dass jeder Mensch den Sinn, den sein eigenes, ganz speziell nur von ihm und keinem anderen zu lebendes Leben in sich birgt, nur selbst suchen und finden kann. […]*

Gerhard Zwerenz: *Man muss ihm sein ganzes Leben lang nachforschen.*

Gregor Rezorri: *Das Leben hat keinen anderen Sinn als den, gelebt zu werden.*

Max Frisch: *Es gibt viele Antworten darauf, aber die Antworten sind nicht so einfach wie die Fragen. Nehmen Sie einmal an, das Leben habe einen Sinn, und dann suchen Sie ihn, indem Sie leben. […]*

DIE ZEIT, 07. 04. 2004

1. Vergleicht die Aussagen miteinander. Worin ähneln sich viele dieser Antworten?
2. Stellt euch gegenseitig eine Auswahl an Antworten vor, mit denen ihr euch besonders identifizieren könnt oder die euch fremd bzw. unverständlich sind. Bezieht euren eigenen Standpunkt mit ein.
3. Erarbeitet ein Gespräch mit verteilten Rollen, indem ihr ausgewählte Passagen aus den Antwortbriefen in das Gespräch einfließen lasst, und setzt diese szenisch um.
4. Führt eine Befragung zum Thema *Sinn des Lebens* durch. Bemüht euch darum, möglichst Gesprächspartner verschiedener Generationen oder auch gesellschaftlicher Bereiche zu befragen.
5. Arbeitet verschiedene Kategorien von Aussagen heraus.

Auguste Rodin, Der Denker (1880–82)

Wissen

Die Sinnfrage ist eine Frage, die man sich selbst, aber auch der Gemeinschaft, in der man lebt, stellen kann. In unterschiedlichen Phasen unseres Lebens hat die Frage nach dem Sinn verschiedene Bedeutungen. So überlegen wir beispielsweise am Ende eines Lebensabschnitts, welchen Sinn das Geleistete hatte. Beginnt eine neue Etappe, fragen wir uns wieder: *Wozu* machen wir das? Die Sinnfrage erfüllt demnach die Funktionen von Fazit / Bilanz und Planung / Entwurf im Leben – je nach Situation.
Eine besondere Rolle spielt die Frage nach dem Sinn in sogenannten Grenzsituationen, z. B. beim Tod einer nahe stehenden Person, bei einer schweren Krankheit usw. Wir können auch sagen, dass immer dann, wenn wir an Schnittstellen oder Kreuzungen unseres Lebens ankommen, diese Frage aktuell wird.

6. Erläutert die Grundgedanken des Textes zur Sinnfrage.
7. Untersucht den Begriff der Grenzsituation auf seine Bedeutung hin, indem ihr seine beiden Teile (Grenze / Situation) analysiert.

4.3 Antworten auf die Frage nach dem Sinn des Lebens

III 3.3

Michel de Montaigne (1533–1592) hält in seinen *Essais*, aus denen wir schon Auszüge gelesen haben, folgende Gedanken fest:

Wenn ihr das Leben genutzt habt, könnt ihr gesättigt und befriedigt scheiden. Und wenn ihr nichts damit habt anfangen können, wenn ihr es nutzlos vertan habt, da kann es euch doch erst recht gleichgültig sein, wenn es weg ist; was wollt ihr noch damit? […] Man kann den Wert eines Lebens nicht nach der Länge messen; er ist vom Inhalt abhängig. Manches lange Leben ist inhaltlos.

Michel de Montaigne: Philosophieren heißt sterben lernen (1580), zitiert nach: Die Essais. Ausgew., eingel. und übertr. von Arthur Franz. Stuttgart 1989, S. 60–61;

1. Arbeitet die Kernaussage Montaignes heraus. Haltet fest, worauf der *Wert eines Lebens* nach Montaigne bezogen ist.
2. Überlegt, wovon die Bilanz des Lebens abhängt, wenn ihr es als wertvoll beurteilt. Legt eigene Kriterien dafür fest.
3. Setzt euch mit Montaignes Gedanken auseinander.
   a) Sucht dabei nach Argumenten, die seine Ansicht stützen.
   b) Bezieht eure Erkenntnisse aus dem Kapitel über das Glück ein. II 3
   c) Deckt gegebenenfalls Defizite in seiner Argumentation auf.
4. Schreibt in Anknüpfung an Montaignes Aussage in den letzten beiden Sätzen des Textes einen Essay.

Montaignes Standbild in Paris

Die Schriftstellerin Maxie Wander (1933–1977) formuliert im Mai 1977, ein halbes Jahr vor ihrem Tod:

Wir lassen uns mit allem so viel Zeit, als ob wir ewig zu leben hätten! […] Erst wenn man begriffen hat, wie schnell man abberufen werden kann und wie kostbar unser einmaliges, unwiederbringliches Leben ist, fängt man zu leben an. Das Gewohnte hat einen manchmal in seinen Krallen, aber es gibt auch unbeschreibliche Stunden, wo ich bewusst und intensiv lebe wie noch nie.

Maxie Wander: Tagebücher und Briefe. Berlin 1979, S. 213

5. Arbeitet aus dem Zitat die Hauptaussagen heraus und gebt sie mit eigenen Worten wieder.
6. Bedenkt, dass die Schriftstellerin schwer erkrankt war. Leitet eine Aufforderung aus der Aussage Wanders ab und führt zu dieser Aufforderung ein Streitgespräch.

Der Rockmusiker Sting (geb. 1951) äußert in einem Interview, das er kurz vor seinem 60. Geburtstag gibt, Gedanken zum Älterwerden und zum Tod.

Es ist wichtig, sein Ende zu proben. […] Ich kann nichts Verkehrtes daran finden, sich damit auseinanderzusetzen, zu trainieren, älter zu werden. […] Man sollte darüber nachdenken, was ein erfülltes Leben ausmacht und wie man sich ein hoffentlich langes Leben vorstellt.
[…] dass wir am Ende unseres Lebens diese definitive Grenze sehen, macht das Leben an sich wertvoller, bedeutsamer.
Der Tod ist etwas Furchtbares, er bedeutet aber auch: Jede gelebte Minute ist wichtig. Wenn man jung ist, fühlt man sich unsterblich, man verschwendet ständig seine Zeit – eine Stunde, eine Woche, ein Jahr. Ich will meine Zeit nicht verschwenden. Jede Stunde ist wichtig, weil ich spüre, es sind nicht mehr so viele übrig wie zu jener Zeit, als ich 20 war.

Kölner Stadtanzeiger, 02.10.2011

7. Untersucht, was Sting mit der Aussage „Es ist wichtig, sein Ende zu proben." meint. Arbeitet dafür aus dem Text die Schlüsselbegriffe heraus.
8. Formuliert als Ergebnis eurer Analyse nun die Position Stings zum Tod und setzt euch mit ihr auseinander.

4.4 Erfahren von Sinnlosigkeit

In bestimmten Lebenssituationen Langeweile, Monotonie, Leere oder einen Überdruss zu empfinden, ist uns nicht fremd. Diese Gefühle oder Stimmungen können sich auch auf das ganze Leben ausdehnen.

1. Beschreibt Situationen, in denen ihr euch gelangweilt habt / langweilt oder in denen ihr einer Sache überdrüssig wurdet oder überdrüssig seid.
2. Sucht nach Synonymen für *Langeweile* oder *Überdruss* und schildert, in welchen Zusammenhängen ihr diese Begriffe gebraucht habt oder gebraucht.
3. Tauscht euch über eure Erfahrungen mit diesen Gefühlen aus und erzählt, wie ihr ihnen begegnet und sie überwindet.

Der französische Schriftsteller und Nobelpreisträger Albert Camus hat das Gefühl des Überdrusses beschrieben:

Manchmal stürzen die Kulissen ein. Aufstehen, Straßenbahn, vier Stunden Büro oder Fabrik, Essen, Straßenbahn, vier Stunden Arbeit, Essen, Schlafen, Montag, Dienstag, Mittwoch, Donnerstag, Freitag, Samstag, immer derselbe Rhythmus – das ist meist ein bequemer Weg. Eines Tages aber erhebt sich das ‚Warum', und mit diesem Überdruss, in den sich Erstaunen mischt, fängt alles an. ‚Fängt an'– das ist wichtig.

Albert Camus: Eine absurde Betrachtung (1942), zitiert nach: Der Mythos des Sisyphos. Deutsch und mit einem Nachwort von Vincent von Wroblewsky. Reinbek bei Hamburg [13]2011, S. 24–25; © 1999 Rowohlt Verlag GmbH, Reinbek bei Hamburg

4. Erklärt mit eigenen Worten, wie das Gefühl des Überdrusses nach Camus entsteht.
5. Erläutert die Doppeldeutigkeit dieses Gefühls.
6. Camus stellt zwei Lebensperspektiven vor, die durch einen Scheideweg markiert sind.
   a) Beschreibt beide genauer und bezieht die Begriffe mit ein, die Camus verwendet.
   b) Erläutert den Begriff der *Kulisse* in seiner möglichen positiven und negativen Bedeutung.

Der Überdruss steht am Ende der Handlungen eines mechanischen Lebens, gleichzeitig leitet er aber auch eine Bewusstseinsregung ein. Er weckt das Bewusstsein und fordert den nächsten Schritt heraus. Der nächste Schritt ist die unbewusste Rückkehr in die Kette oder das endgültige Erwachen. […] An sich hat der Überdruss etwas Widerwärtiges. Hier jedoch muss ich den Schluss ziehen, dass er gut ist. Denn mit dem Bewusstsein fängt alles an, und nur durch das Bewusstsein hat etwas Wert.

Albert Camus: Eine absurde Betrachtung (1942), zitiert nach: Der Mythos des Sisyphos. Deutsch und mit einem Nachwort von Vincent von Wroblewsky. Reinbek bei Hamburg [13]2011, S. 25;

7. Erklärt den Begriff *mechanisches Leben* und überlegt, inwiefern es zum Überdruss führen kann. Berücksichtigt dabei den Begriff der Kette.
8. Erläutert die Bedeutung des *nächsten Schritts* für die Wahl der Lebensperspektive.
9. II S. 1 In seiner Interpretation der Sisyphosgestalt greift Camus beide Lebensperspektiven auf, die der mechanischen Lebensauffassung und die der eigenen Lebensführung. Arbeitet beide Auffassungen in dieser Geschichte heraus und bezieht die Abbildung mit ein.

Schaut euch den animierten Comic auf der Website an: http://hellaheaven-ana.blogspot.de/2010/10/humor-camuss-sisyphus.html. Welche Interpretation könnt ihr hier erkennen?

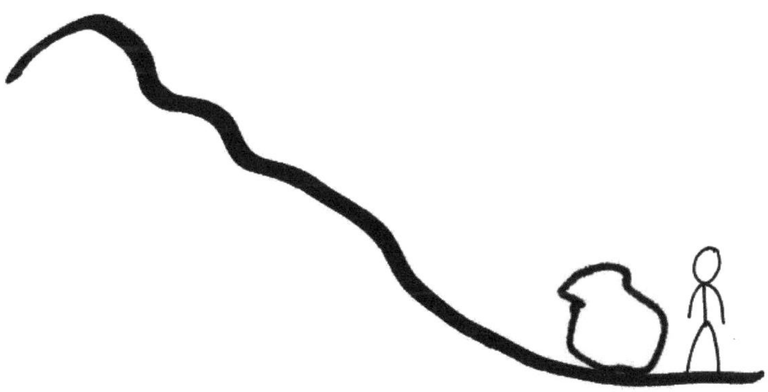

10. Setzt euch individuell mit beiden Lebenspositionen auseinander und führt anschließend einen Diskurs / ein Streitgespräch über die unterschiedlichen Maßstäbe, nach denen das Leben jeweils beurteilt wird.

5 Endloses Leben?

5.1 Sehnsucht nach Unsterblichkeit

Als Unsterblichkeit bezeichnet man ein Leben, das nicht durch den Tod beendet wird, ein Leben ohne Tod. Unterschiedliche Interpretationen dieser Position stellen wir euch hier vor, z. B. die von Friedrich von Schiller (1759–1805).

Unsterblichkeit
Vor dem Tode erschrickst du?
Du wünschest unsterblich zu leben?
Leb' im Ganzen!
Wenn du lange dahin bist, es bleibt.

Friedrich Schiller: Unsterblichkeit (1795). Schillers sämmtliche Werke in zwölf Bänden. Erster Band. Stuttgart, 1864, S. 346

1. Erklärt euer Verständnis des Gedichts von Schiller. Konzentriert euch insbesondere auf die Aufforderung „Leb im Ganzen!" Entwerft ein „Programm" mit diesem Titel.

Woody Allen (geb. 1935) wird folgende Aussage zugeschrieben:

Ich möchte Unsterblichkeit einfach dadurch erreichen, dass ich nicht sterbe.

2. Entwickelt ein fiktives Interview mit Woody Allen.
   a) Überlegt euch Fragen, die man ihm nach dieser Aussage stellen könnte, und gebt aus der Perspektive Allens mögliche Antworten.
   b) Stellt dieses fiktive Interview in einem szenischen Spiel vor.
3. Betrachtet das Foto. Entwickelt einen möglichen Dialog zwischen Woody Allen und der Statue. Setzt den Dialog szenisch um.

Woody Allen neben der Woody-Allen-Statue in Oviedo / Spanien

5.2 Spurensuche

Im zweiten Teil von Goethes Faust sagt Faust kurz vor seinem Tod:

Es kann die Spur von meinen Erdetagen
Nicht in Äonen[9] untergehn. –
Im Vorgefühl von solchem hohen Glück
Genieß' ich jetzt den höchsten Augenblick.

Johann Wolfgang von Goethe: Faust. Der Tragödie zweiter Teil (1832). Goethes Werke. 15. Bd. Erste Abtlg. Weimar 1888, S. 316

Stiftskirche in Quedlinburg (9. Jahrhundert)

4. Arbeitet die Bedeutung des Wortes *Spur* aus dem Text heraus.
5. Stellt einen Bezug der *Spur* bzw. der *Spuren* zur Unsterblichkeit her und erklärt Fausts Aussage.
6. Inwiefern kann Faust kurz vor seinem Tode den *höchsten Augenblick* genießen und glücklich sein?
7. Begebt euch selbst auf Spurensuche, indem ihr Zeitloses in der Gegenwart aufspürt.
8. Sucht in eurer Schule, in eurer Stadt, in eurem Dorf nach Spuren des Zeitlosen. Stellt die Ergebnisse eurer Spurensuche in Form einer Collage oder in einer anderen, von euch selbst gewählten Weise dar.

Das Projekt *Stolpersteine* von Gunter Demnig (1944) widmet sich den Spuren der Opfer des Nationalsozialismus und erinnert an die Vertreibung und Vernichtung von Juden, Sinti und Roma, von politisch Verfolgten, Homosexuellen, Zeugen Jehovas und Euthanasieopfern.

Recherchiert weitere Informationen zum Projekt *Stolpersteine*.

9. Erklärt die Symbolik des Projektes. Stellt einen Bezug zur Unsterblichkeit her.
10. Findet heraus, wo in eurer näheren Umgebung Stolpersteine zum Gedenken an die Opfer des Nationalsozialismus zu finden sind. Sucht nach Informationen über die Menschen, an die jene Steine erinnern.

Stolpersteine, Kleine Ulrichstr. 8, Halle (Saale)

9 Äonen: hier Weltalter.

5.3 Unsterblichkeit auf dem Prüfstand

Der englische Philosoph Bernard Williams (1929–2003) prüft, ob die Unsterblichkeit so erstrebenswert ist, wie es scheint. Er erinnert zunächst an eine Komödie von Karel Ĉapek (1890–1938).

Im Mittelpunkt der Komödie steht Elina Makropulos, eine Frau, der von ihrem Vater ein Lebenselixier verabreicht wurde, das ihr zum unsterblichen Leben verhilft. Im Alter von 342 Jahren verweigert sie die Einnahme und stirbt. Elina hat keine Wünsche mehr, die ihr das Leben lebenswert machen, sie verfügt über ausreichende finanzielle Mittel, über Gesundheit, Jugend, Schönheit, dennoch nennt sie das Leben langweilig, kalt und gleichgültig.

Bernard Williams: Die Sache Makropulos. Reflexionen über die Langeweile der Unsterblichkeit, in: Probleme des Selbst. Übers. von Joachim Schulte. Stuttgart 1978, S. 134;

Nach der Komödie *Die Sache Makropulos* von Karel Ĉapek entstand die gleichnamige Oper in drei Akten von Leoš Janácek. Für die Aufführung, die 2011 an der Oper in Straßburg Premiere hatte, wurde ein Plakat mit einem Gemälde des Mexikaners Tomas Mondragon von 1856 entworfen.

Plakat zur Oper Die Sache Makropulos

Diese Geschichte nimmt Williams zum Anlass,

[…] dem Gedanken nachzugehen, dass sich aus den Fakten über die Wünsche und das Glück des Menschen und sein Leben […] ergibt, dass die Unsterblichkeit, wo sie überhaupt vorstellbar ist, unerträglich wäre, […].

Bernard Williams: Die Sache Makropulos: Reflexionen über die Langeweile der Unsterblichkeit, in: Probleme des Selbst. Übers. von Joachim Schulte. Stuttgart 1978, S. 133;

II 1.3/1.4

1. Formuliert den Hauptgedanken des Zitats mit eigenen Worten. Malt euch das Leben als Unsterblicher aus.
2. Erinnert euch an die Differenzierung von unseren Wünschen und unseren Vorstellungen vom Glück. Überlegt, woran ihr euch orientiert, wenn ihr Wünsche bewertet bzw. beurteilt.
3. Versetzt euch in die Rolle der Elina und denkt über ihre Entscheidung nach. Begründet in einem Monolog / einer Stellungnahme als Elina eure Weigerung. Bezieht die Abbildung in eure Überlegungen mit ein.
4. Vergleicht die Position von Williams mit der seines Kollegen Thomas Nagel:

Er [der Tod] ist ein ungeheurer Fluch, und wenn einer tatsächlich einmal sterben muss, vermag sein Tod ihm nur dadurch annehmbar zu werden, dass er sicher ist, durch ihn ein noch größeres Übel verhindern zu können. Sonst würde ich, vor die Wahl gestellt, ob ich lieber noch eine Woche leben oder in fünf Minuten tot sein würde, immer vorziehen, noch eine Woche länger zu leben. Durch eine Art induktiven mathematischen Räsonierens schließe ich daher, dass ich gern für immer leben würde.
Vielleicht werde ich meines Lebens eines Tages überdrüssig sein, doch gegenwärtig kann ich mir dies nicht vorstellen und daher auch nicht die gebildeten und ansonsten völlig vernünftigen Leute verstehen, die aufrichtig behaupten, in ihrer Sterblichkeit kein Unglück zu sehen.

Thomas Nagel: Der Blick von nirgendwo. Übers. von Michael Gebauer. Frankfurt/M. 1992, S. 386–387;

5. Arbeitet die Grundaussage aus dem Text heraus. Achtet darauf, an welcher Stelle sich Nagel gegen die Position von Bernhard Williams wendet.
6. Gestaltet in einem Rollenspiel die Begegnung der beiden Philosophen.
   - In diesem Rollenspiel sollen beide Philosophen ihre Positionen vertreten, sich aufeinander beziehen, nachfragen, sich gegenseitig widerlegen usw.
   - Erfindet einen dritten Gesprächspartner, welcher sich mit beiden Positionen in seinem jeweiligen persönlichen Kontext auseinandersetzt.

5.4 Noch einmal leben?

Sartres Drehbuch *Das Spiel ist aus*

Jean-Paul Sartres (1905–1980) Szenario *Das Spiel ist aus* gehört zu seinen berühmtesten Texten. Es wurde 1947 verfilmt. Sartre stellt hier eine Todesauffassung vor, nach der die Verstorbenen ihr Reich neben den Lebenden haben. Sie sind für jene unsichtbar und können auf diese Weise an Informationen gelangen, die ihr Leben stark beeinflusst hätten.

Die Geschichte spielt nach dem Tod zweier Personen unterschiedlicher sozialer und politischer Herkunft, Ève und Pierre. Beide starben in der gleichen Minute. Ève, wohlsituiert, weiß inzwischen, dass sie von ihrem Mann vergiftet wurde, weil er sie beerben und sich das Vermögen ihrer Schwester sichern will. Pierre war Gewerkschafter und plante mit Gleichgesinnten einen Aufstand, als er durch die Kugel eines Verräters ermordet wurde. Er ist nun darüber informiert, dass der Aufstand verraten wurde und seine Genossen in einen Hinterhalt geraten sind. Folgende Idee, die Sartre im Text durch den § 140 ausdrückt, bildet den Mittelpunkt des Drehbuchs:

Falls auf Grund eines Irrtums, für den einseitig die Direktion verantwortlich ist, ein Mann und eine Frau, die füreinander bestimmt waren, sich zu ihren Lebzeiten nicht begegnet sind, so können sie unter bestimmten Bedingungen die Erlaubnis, auf die Erde zurückzukehren, erbitten und erhalten, um dort ihre Liebe zu verwirklichen und das gemeinsame Leben zu führen, das ihnen unrechtmäßigerweise vorenthalten wurde.

Jean-Paul Sartre: Das Spiel ist aus (1947). Übers. von Alfred Dürr, überarbeitet von Uli Aumüller. Reinbek bei Hamburg 1996, S. 61; © 1952 Rowohlt Verlag GmbH, Reinbek bei Hamburg

Ihnen wird mitgeteilt, dass sie folgende Bedingung erfüllen müssen:

„Sie kehren ins Leben zurück. Vergessen Sie nichts von dem, was Sie hier erfahren haben. Falls es Ihnen innerhalb von vierundzwanzig Stunden gelingt, sich in vollem Vertrauen und mit allen Kräften zu lieben, haben Sie Anrecht auf ein vollständiges menschliches Leben.“ […]

„… Wenn Sie das in vierundzwanzig Stunden, das heißt morgen um zehn Uhr dreißig nicht erreicht haben …“ „… nun, dann werden Sie mich wieder aufsuchen und Ihren Platz bei uns wieder einnehmen. Alles klar?“ […]

„Wir bringen alles auf den Stand der Minute, in der Sie gestorben sind. Niemand wird Sie für Gespenster halten.“

Jean-Paul Sartre: Das Spiel ist aus (1947). Übers. von Alfred Dürr, überarbeitet von Uli Aumüller. Reinbek bei Hamburg 1996, S. 62–63; © 1952 Rowohlt Verlag GmbH, Reinbek bei Hamburg

1. Überlegt, worin die besondere Chance besteht, die Ève und Pierre erhalten. Denkt darüber nach, ob ihr das Angebot als eine *Chance* bezeichnen würdet.

Informiert euch über den Fortgang der Handlung.

Hier das Ende des Textes:

„Versteh mich doch, Ève, …" fleht er. „Du musst mich verstehen … Ich kann die Kameraden nicht im Stich lassen … Ja ich weiß … Sie haben nicht die geringste Chance, aber ich kann einfach nicht … "
Über ihm in der Zelle [Telefonzelle] zeigt eine elektrische Uhr zehn Uhr neunundzwanzig … […]
Ève steht immer noch am Telefon.
„Nein, Pierre … Tu's nicht … Du hast mich belogen … Du lässt mich im Stich … Du hast mich nie geliebt …"
[…] „Doch, doch, ich liebe dich, Ève", erwidert Pierre. „Ich liebe dich. Aber ich habe nicht das Recht, die Genossen zu verlassen." […]
Voller Angst ruft Pierre: „Ève … Ève …" […]
Aus dem Apparat dröhnt das Krachen der Schüsse.
Als ob sie selbst von den Kugeln getroffen wäre, gleitet Ève an der Wand entlang und stürzt zu Boden …
[…] Eine Kugel zerschlägt die elektrische Uhr, deren Zeiger auf zehn Uhr dreißig stehen.

Jean-Paul Sartre: Das Spiel ist aus (1947). Übers. von Alfred Dürr, überarbeitet von Uli Aumüller. Reinbek bei Hamburg 1996, S. 116–118; © 1952 Rowohlt Verlag GmbH, Reinbek bei Hamburg

2. Wählt für den folgenden Satz eine Variante aus: Die in Aufgabe 1 erwähnte Chance wird nicht genutzt, weil Ève und Pierre
   a) nicht erfassen, was diese Chance bedeutet.
   b) die Chance nicht ergreifen wollen.
3. Formuliert selbst mögliche Gründe, weshalb die Chance vertan wird.
4. Denkt über das Verhältnis von Leben und Tod nach, das Sartre hier darstellt, und schreibt einen Essay darüber.
5. Wie hätte Sartre das Stück konzipieren müssen, damit der Titel *Das Spiel ist nicht aus* lauten könnte? Schreibt die Geschichte um.
6. Entwickelt aus der umgeschriebenen Geschichte ein Rollenspiel oder eine Szenenfolge.
7. Setzt eure Entwürfe in einer Aufführung um.

Jean-Paul Sartre (um 1950)

5.5 Kryonik[10] – ein Sieg über den Tod?

1. Führt ein Gedankenexperiment durch: Ihr trefft auf einen Wissenschaftler, der euch (durch Kryonik oder durch eine Tablette) zum ewigen Leben verhelfen kann. Stellt euch weiterhin vor, ihr würdet bei diesem Experiment nicht altern.

Informiert euch genauer über den Begriff *Kryonik* und bereitet hierzu ein Referat vor.

Zur Verdeutlichung der Sichtweise, die der Kryonik zugrunde liegt, dient das folgende Zitat des Präsidenten der US-amerikanischen Tiefkühlstiftung Alcor, Frank Chamberlain:

Zu sterben ist nichts Natürliches. Alter ist genauso eine Krankheit wie Krebs. Und bis diese Krankheiten heilbar sind, brauchen wir die Kryonik - um uns in eine bessere Zukunft zu transportieren.

Gundolf S. Freyermuth: Gefroren in die Ewigkeit, in: NZZ Folio 07/97

2. Versetzt euch in Chamberlain hinein. Haltet eine Rede über die *bessere Zukunft*.

Der US-Physikprofessor und Science-Fiction-Fan Robert T.W. Ettinger meinte 1964:

Was immer uns heute tötet, sei es das Alter oder eine Krankheit, und auch wenn die Gefriertechniken zur Zeit unseres Todes noch sehr primitiv sein sollten, früher oder später werden unsere Freunde in der Zukunft der Aufgabe gewachsen sein, uns wieder zu beleben und zu heilen.

Gundolf S. Freyermuth: Gefroren in die Ewigkeit, in: NZZ Folio 07/97

3. Schreibt eine Szene und bereitet ein Rollenspiel vor: Der Zeitpunkt des Auftauens (*Aufweckens*) rückt näher. Die zu diesem Zeitpunkt lebenden Menschen bereiten sich darauf vor. Welche Hoffnungen / Erwartungen / Befürchtungen verbinden sie damit, Vorfahren *aufzutauen*?
4. Schreibt einen Brief an einen Kryoniker oder einen Leserbrief, wahlweise könnt ihr euch auch für einen Essay entscheiden. Ausgangspunkt des Briefes sollte folgender Satz des Direktors des kryobiologischen Rotkreuz-Instituts in New York, Arthur C. Rowe, sein:

Der Glaube, Kryonik könne jemanden wiederbeleben, der eingefroren wurde, ist so ziemlich dasselbe wie die Idee, aus einem Hamburger wieder eine Kuh zu machen.

Gundolf S. Freyermuth: Gefroren in die Ewigkeit, in: NZZ Folio 07/97

---

10 von griech. *kryos*: Kälte und engl. *suspension*: Aufhängung, Aufschub, zeitweilige Aufhebung
Der Begriff *Kryonik* beschreibt ein Verfahren, welches seit ca. 40 Jahren vor allem in den USA, aber auch in Europa angewendet wird. Menschen lassen sich dabei nach ihrem Tode durch flüssigen Stickstoff einfrieren.
Das dabei verfolgte Ziel ist eine zeitweilige *Unterbrechung* des Lebens, so dass die eingefrorenen Körper bei künftigen medizinischen Fortschritten aufgetaut, wieder belebt und geheilt werden können.

5.6 Abschlussprojekte

Miteinander ins Gespräch kommen

Sucht euch einen Schwerpunkt in diesem Kapitel, der euch besonders interessiert. Bereitet gemeinsam zu diesem Schwerpunkt eine Talkshow vor, in der die Vertreter verschiedener Positionen miteinander ins Gespräch kommen. Es können auch unterschiedliche Gruppen zu unterschiedlichen Themen arbeiten. Setzt das Ergebnis eurer Arbeit szenisch um.

Melanie Kempa: Kommunikation (2006)

Ausstellung

Sucht euch einen Schwerpunkt in diesem Kapitel, der euch besonders interessiert. Lasst euch von diesem Schwerpunkt oder / und einer in diesem Zusammenhang gefundenen Position inspirieren. Veranschaulicht diese in Zeichnungen, Bildern, Fotos oder in anderer künstlerischer Form. Bereitet eine Ausstellung in der Schule vor.

IV Soziale Gerechtigkeit

1 Soziale Gerechtigkeit wahrnehmen

In diesem Kapitel befassen wir uns mit der Idee der *sozialen Gerechtigkeit.* Wir beginnen mit euren Erfahrungen mit dieser Idee.

1.1 Vieles nennt man gerecht oder ungerecht …

1. a) Nennt Beispiele dafür, dass etwas *gerecht* oder *ungerecht* genannt wird. Unterscheidet möglichst genau, worauf sich die Bewertung als *gerecht* oder *ungerecht* jeweils bezieht (z. B. auf einen Menschen, eine Handlung, ein Gesetz etc.).
   b) Ordnet die Beispiele in einem Schaubild. Findet Überschriften für Gruppen von Beispielen, die zusammengehören.
2. a) Betrachtet die Fotos. Übersetzt die Aufschriften aus dem Englischen. Beschreibt die abgebildete künstlerische Aktion in einem kurzen Text.
   b) Stellt dar, wie die Aktion auf euch als Betrachter wirkt.
   c) Versetzt euch in die Lage des Künstlers. Schreibt aus seiner Sicht einen kurzen Text, in dem ihr erklärt, warum ihr diese Aktion durchgeführt habt und was sie mit dem Thema Gerechtigkeit zu tun hat.

Rene Gagnon, Planet Aid Box Project (2009)

1.2 Soziale Gerechtigkeit

Gerechtigkeitsgrundsätze

Der amerikanische Philosoph John Rawls (1921–2002) war einer der wichtigsten Gerechtigkeitstheoretiker des 20. Jahrhunderts. Im folgenden Text bestimmt er den Begriff der *sozialen Gerechtigkeit*.

Es sind Grundsätze nötig, um zwischen verschiedenen gesellschaftlichen Regelungen der Güterverteilung zu entscheiden und eine Einigung darüber zu erzielen. Das sind die Grundsätze der sozialen Gerechtigkeit: Sie ermöglichen die Zuweisung von Rechten und Pflichten […], und sie legen die richtige Verteilung der Früchte und Lasten der gesellschaftlichen Zusammenarbeit fest.

John Rawls: Eine Theorie der Gerechtigkeit. Frankfurt/M. 1979, S. 19;

3. Erklärt das Schaubild mit Hilfe des Textes. Erläutert die vorkommenden Begriffe durch eigene Beispiele.

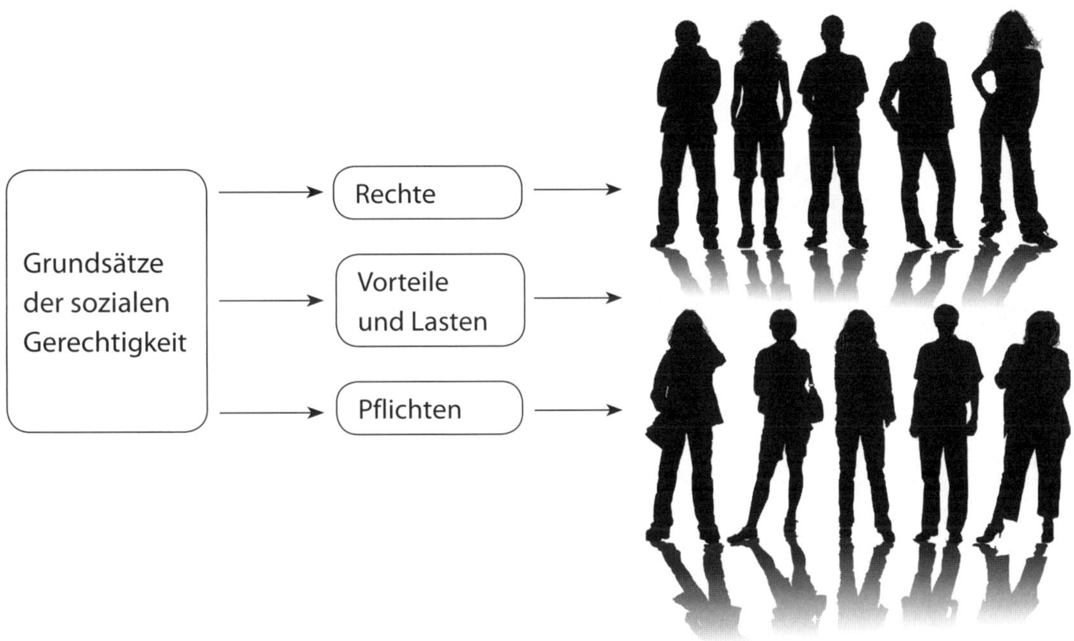

Soziale Gerechtigkeit

4. Betrachtet noch einmal die Fotos mit den Kleidercontainern. Beschreibt möglichst genau, nach welchen Grundsätzen die von dem Künstler angesprochenen Vorteile in unserer Gesellschaft verteilt werden.
5. Überlegt, ob ihr die entsprechende Verteilung für gerecht oder für ungerecht haltet. Begründet eure Überlegung.

1.3 Arbeit und der Anteil an Vorteilen und Lasten

Vorteile und Lasten bzw. Rechte und Pflichten in unserem Leben hängen eng mit dem Beruf zusammen, den wir ausüben.

Frau, 37 Jahre
Ausbildung: Germanistikstudium
derzeitige Tätigkeit: Hausfrau

Mann, 52 Jahre
Ausbildung: Automechaniker
derzeitige Tätigkeit: Gebäudereiniger

Mann, 32 Jahre
Ausbildung: Jurist
derzeitige Tätigkeit: Richter

Frau, 62 Jahre
Ausbildung: Friseurin
derzeitige Tätigkeit: Friseurin

Mann, 46 Jahre
Ausbildung: Maurer
derzeitige Tätigkeit: arbeitslos

Frau, 58 Jahre
Ausbildung: Bankkauffrau
derzeitige Tätigkeit: Verwaltung des Familienvermögens

1. Lest die Steckbriefe.
2. Wählt eine der Personen aus. Schildert aus ihrer Perspektive ihre familiäre Herkunft, ihre Ausbildung, ihren beruflichen Werdegang und die Vorteile und Lasten ihrer jetzigen Lebenssituation. Dabei könnt ihr aus eurer Sicht der Person Antworten auf folgende Fragen geben:
   - Ist Ihr erlernter Beruf ihr „Traumberuf"?
   - Warum haben Sie sich für den von Ihnen erlernten Beruf entschieden?
   - Arbeiten Sie derzeit in dem von Ihnen erlernten Beruf? Begründen Sie, falls dies nicht zutrifft.
   - Sind Sie mit Ihrer derzeitigen Arbeitssituation zufrieden?
   - Welche Vorteile hat Ihre jetzige Arbeitssituation in Bezug auf Ihre soziale Situation?
   - Welche Nachteile oder Belastungen sind damit verbunden?

1.4 Ungleiche Voraussetzungen: natürliche und soziale Lotterie

IV 1.2

John Rawls hat die unterschiedlichen Voraussetzungen, mit denen wir in Berufsausbildung und Arbeitswelt eintreten, mit den Ergebnissen einer Lotterie verglichen. Er wollte damit sagen, dass wir für viele dieser unterschiedlichen Voraussetzungen nicht selbst verantwortlich sind.

Natürliche und soziale Lotterie

Natürliche Lotterie	*Soziale Lotterie*
Unterschiede, von denen wir glauben, dass sie die Natur in uns legt: z.B. unterschiedliche Talente, körperliche und geistige Fähigkeiten	Unterschiede, die durch unsere soziale Herkunft, z.B. unser Aufwachsen in bestimmten familiären Umgebungen, unter bestimmten sozialen Umständen bedingt sind.
↓	↓
Anteil an Vorteilen und Lasten einer Gesellschaft	

nach John Rawls: Eine Theorie der Gerechtigkeit. Frankfurt/M. 1979, S. 121–125

!!?

3. a) Erfindet für die von euch gewählte Person Eigenschaften, die auf die natürliche bzw. soziale Lotterie zurückgehen. Unterscheidet dabei, ob eure Person Glück oder Pech in der jeweiligen Lotterie gehabt hat.
   b) Beschreibt genau, wie sich die von euch erfundenen Eigenschaften auf die Möglichkeiten der Person in der Arbeitswelt auswirken.
4. a) Erläutert, wie eine Gesellschaft erreichen könnte, dass die Verteilung von Glück und Pech in der natürlichen und sozialen Lotterie ausgeglichen wird.
   b) Überlegt, was die einzelnen Betroffenen tun können, um einen solchen Ausgleich zu erreichen.
5. Untersucht die Ergebnisse zu Aufgabe 4 unter folgender Fragestellung: Wer würde eure Vorschläge wohl befürworten, wer würde sie ablehnen? Denkt daran, dass oft mehrere Menschen von solchen Maßnahmen betroffen sind.

1.5 Ungleiche Lasten: Arbeitslosigkeit

1. Stellt dar, wie sich Arbeitslosigkeit von freiwilligem Verzicht auf Erwerbsarbeit unterscheidet.
2. Beschreibt Nachteile oder Belastungen, mit denen Arbeitslosigkeit verbunden ist. Berücksichtigt nicht nur das Einkommen, sondern das gesamte Leben und auch die Familie der Betroffenen. Bezieht die Abbildung mit ein.
3. Stellt den Zusammenhang zwischen Arbeitslosigkeit und dem Thema der natürlichen und sozialen Lotterie dar.

arbeitslos – das ist das Wahre
arbeitslos – das ist das Leben
frei sein! high sein!
einfach mal sich hinzugeben
an den Mai

Frau und Kinder, alles schläft noch
Früh zu der gewohnten Stunde
Kaffee in die Thermosflasche
Und dann los im Morgengrauen
Aber nicht zur Schicht, von wegen!
Von der Wiege bis zur Bahre
Schnell den Tauben Futter geben
Dann Stück Auto und dann parken
Und dann schlendern durch die Vorstadt
Rüber zu den grünen Rändern

arbeitslos – das ist das Wahre
arbeitslos – das ist das Leben

Groß im Osten steigt die Sonne
Rot im Wald am Rand der Halde
Und die Sonne steigt sich kleiner
Gegen Mittag sticht das Licht schon
Und ich hau mich in den Schatten
Satt im satten Moos gebettet
Seh im Himmel Störche schweben
Weiß mit Rosa sind die Apfel-
Bäume, wenn die Blüten beben
Und die Kirschen blühn knallweiß

arbeitslos – das ist das Wahre
arbeitslos – das ist das Leben

Und der Horizont raucht Pfeife
Da! das Stahlwerk, da! die Schlote
Mannesmann und das ist Thyssen
Wo die andern jetzt malochen
Mit Kantinenfraß und Stechuhr
Eisen kochen, Eisen gießen
Um mich rum die Bienen nippen
An den fetten Wiesenblumen
Sachte kippt die Sonne tiefer
Mücken in den Spinnenweben

arbeitslos – das ist das Wahre
arbeitslos – das ist das Leben

Ja, das ist das Leben. Aber
Nur an diesem blauen Maitag
Bloß nicht an den Winter denken!
Bloß nicht denken! nicht an morgen
An die Frau nicht, an die Kinder
An mich selber – bloß nicht denken!
Aber jetzt und hier und ohne
Arbeit, Mann, das ist das wahre
Mensch! das ist das schöne Leben

arbeitslos – das ist das Wahre
arbeitslos – das ist das Leben
frei sein! high sein!
einfach mal sich hinzugeben
an den Mai

Wolf Biermann: Arbeitslos (Schöner Mai in Duisburg). Hamburg 1981;

4. Gebt wieder, wie der Arbeitslose in Wolf Biermanns Lied seinen Tag schildert. Vergleicht, wie der Tag eines Arbeiters im Stahlwerk geschildert wird.
5. Untersucht, welche Bewertung des Lebens ohne Arbeit im Lied zum Ausdruck kommt.

Das Vitamin-Modell

Das Vitamin-Modell des britischen Arbeitspsychologen Peter B. Warr (geb. 1937) beschreibt die Faktoren, die für die psychische Gesundheit eines Menschen in der Arbeitswelt erforderlich sind:

1) die Möglichkeit zur Kontrolle der eigenen Lebensbedingungen,
2) die Möglichkeit, die eigenen Fähigkeiten zu entwickeln und anzuwenden,
3) von außen vorgegebene Ziele, die aktivierend und motivierend wirken,
4) Abwechslung und die Chance, neue Erfahrungen zu machen,
5) die Vorhersehbarkeit und Durchschaubarkeit von Ereignissen,
6) die Verfügbarkeit ausreichender finanzieller Mittel,
7) die physische Sicherheit,
8) soziale Kontakte,
9) eine soziale Position, die Selbstachtung und Anerkennung durch andere begünstigt.

nach Peter B. Warr: Work, Unemployment and Mental Health. Oxford 1987, S. 10

6. Stellt dar, welchen Belastungen Arbeitslose ausgesetzt sein können, weil die benannten „Vitamine" fehlen oder nicht ausreichend zur Verfügung stehen.

Vermeidung der Lasten unfreiwilliger Arbeitslosigkeit

7. Beschreibt Möglichkeiten, wie sich die Nachteile und Belastungen, die mit Arbeitslosigkeit verbunden sind, vermindern lassen. Unterscheidet dabei, was die von der Arbeitslosigkeit Betroffenen selbst und was andere Personen tun können, sowie was die Gesellschaft tun kann.
8. Analysiert die von euch gesammelten Möglichkeiten der Vermeidung von Lasten: Wer würde eure Vorschläge wohl befürworten, wer würde diese ablehnen? Denkt daran, dass oft mehrere Menschen von solchen Maßnahmen betroffen sind.

1.6 Ungleiche Vorteile: Erbschaften und Talente

IV 1.4 Ererbtes Vermögen und natürliche Fähigkeiten sind Vorteile, die durch natürliche und soziale Lotterie ungleich verteilt werden.

Vermögensverteilung

1. Erklärt die Grafik. Vergleicht die dargestellte Verteilung mit einer Gleichverteilung des Vermögens. (Leseanleitung: Hier wurde die Verteilung des Vermögens privater Haushalte in der Bundesrepublik Deutschland in den Jahren 2002 und 2007 dargestellt. 2007 lag das Haushaltsvermögen bei ca. 6,6 Billionen Euro. Die Balken geben jeweils an, welcher Anteil am Vermögen einem Zehntel der Bevölkerung gehörte. Dabei wurden die 10 % der Bevölkerung mit dem größten Vermögen im zehnten Zehntel zusammengefasst, die 10 % der Bevölkerung mit dem geringsten Vermögen im ersten Zehntel usw.)

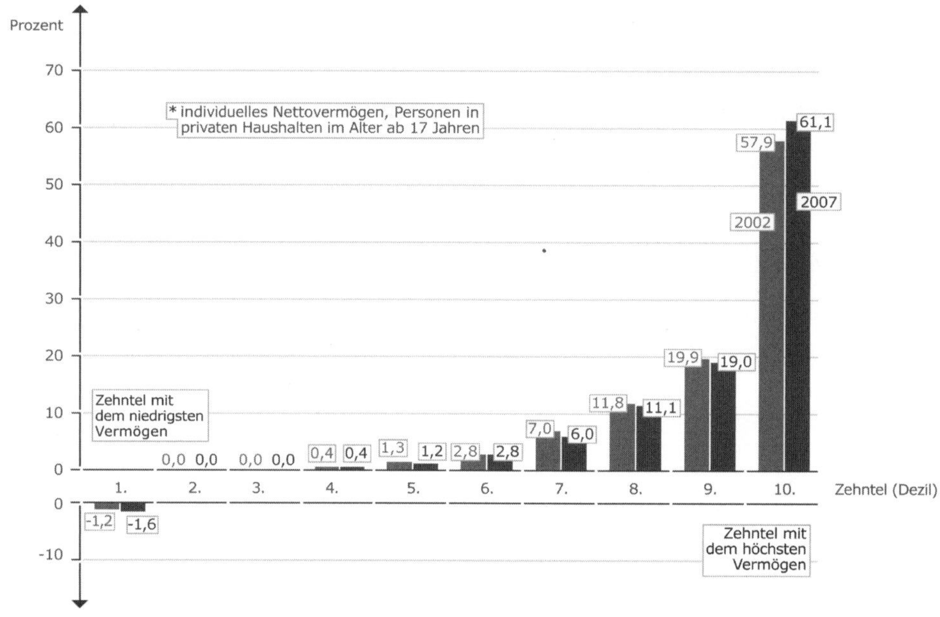

http://www.bpb.de/nachschlagen/zahlen-und-fakten/soziale-situation-in-deutschland/61781/vermoegensverteilung (27.7.2012)

Wandel der Einstellung gegenüber Vererbung von Vermögen

Der amerikanische Philosoph Thomas Nagel (geb. 1937) untersucht die in den meisten Staaten gegebene Möglichkeit, Vermögen nach dem Tod zu vererben.

Nicht unrealistisch wäre es hingegen, auf einen Wandel der Einstellung der Öffentlichkeit zu hereditärem[1] *Reichtum zu setzen, so dass das Privileg, den eigenen Kindern Mittel zu vererben, die sie finanziell unabhängig machen, irgendwann hoffentlich nicht mehr als Äußerung eines*

1 hereditär = ererbt, durch Erbschaft erworben, von lat. *hereditas.*

[...] Familiensinns empfunden würde, in den sich ein Staat in keiner Weise einzumischen hat. Es könnte sogar möglich werden, ein Besteuerungssystem [...] ohne die üblichen Hintertürchen einzurichten, durch die staatliche Maßnahmen dieser Art heutzutage noch unterlaufen werden können. Es käme jedenfalls einer dramatischen [...] Umgestaltung des Bewusstseins gleich, wenn die Öffentlichkeit es dereinst einmal nicht mehr als einen guten Grund für den Reichtum eines Menschen gelten ließe, daß bereits seine Eltern reich waren.

Thomas Nagel: Eine Abhandlung über Gleichheit und Parteilichkeit. Paderborn 1994, S. 158;
**

2. Formuliert eure eigene Einstellung zur Vererbung von Vermögen. Bezieht dabei eure Untersuchung der Grafik zur Vermögensverteilung mit ein.
3. Nagel spricht von einem möglichen Einstellungswandel.
   a) Stellt dar, worin dieser besteht.
   b) Ergänzt den Text durch Überlegungen, die erklären, wie es zu einem solchen Einstellungswandel kommen könnte – und was ihn verhindern könnte.

Talente

Wie Schönheit, so ziehen auch Begabung und menschliches Können gesellschaftliche Anerkennung, Bewunderung und Dankbarkeit auf sich, und derlei [...] Reaktionen gehören dann zu den natürlichen Gratifikationen[2], *die ein menschliches Leben zu bieten hat.* Die wirtschaftlichen Gratifikationen *aber, auf die manche Fähigkeiten bei geeigneter Anwendung zugreifen können, sind etwas ganz anderes. Von ihnen kann gerade* nicht *gesagt werden, daß sie einem Menschen allein schon deshalb* zustehen, *weil ihm die Anerkennung des jeweiligen Könnens zusteht, dem er sie verdankt. Begabung und Bewunderung voneinander zu trennen, wäre ein Fehler. Doch die systematische Verflechtung von Begabungsverteilung und Einkommensverteilung eines Tages einmal zu lösen, wäre – wenn es denn gelingen könnte – nicht nur kein Fehler, sondern eine ethische Errungenschaft.*

Thomas Nagel: Eine Abhandlung über Gleichheit und Parteilichkeit. Paderborn 1994, S. 159–160;
**

4. Erläutert den Vorschlag einer Trennung von natürlicher und wirtschaftlicher Gratifikation anhand eigener Beispiele.
5. Beschreibt aus der Sicht einer Person, die durch ihre Talente ein großes Vermögen erworben hat, warum diese für oder gegen die von Nagel geforderte Trennung ist. Ihr könnt eine Person wählen, die ihr aus den Medien kennt.

---

2 Gratifikation = Belohnung, Vergütung.

2 Rechte als Bausteine der Gerechtigkeit

Im Folgenden untersuchen wir drei Argumente zum Thema Arbeit. Jedes dieser Argumente versucht zu zeigen, dass jemand ein *Recht* auf bestimmte Vorteile besitzt.

Man kann diese drei Argumente als Bausteine einer Gerechtigkeitstheorie betrachten. Sie beantworten die Frage, wie in einem bestimmten Bereich Rechte und Pflichten, Vorteile und Lasten verteilt sein sollten.

Wissen

IV 1.1–1.6

Soziale Gerechtigkeit hat mit der Verteilung von Rechten und Pflichten, Vorteilen und Lasten in einer Gesellschaft zu tun. *Gerechtigkeitstheorien* sollen die Frage beantworten, welche mögliche Verteilung von Rechten und Pflichten, Vorteilen und Lasten moralisch gerechtfertigt werden kann.

Beachtet, dass es sich bei den Rechten, die wir im Folgenden untersuchen, nicht um Rechte handelt, die der Gesetzgeber festgelegt hat (sogenanntes positives Recht), sondern um moralisch begründete Rechte, die man kurz auch als moralische Rechte bezeichnet.

IV 4.1–4.3

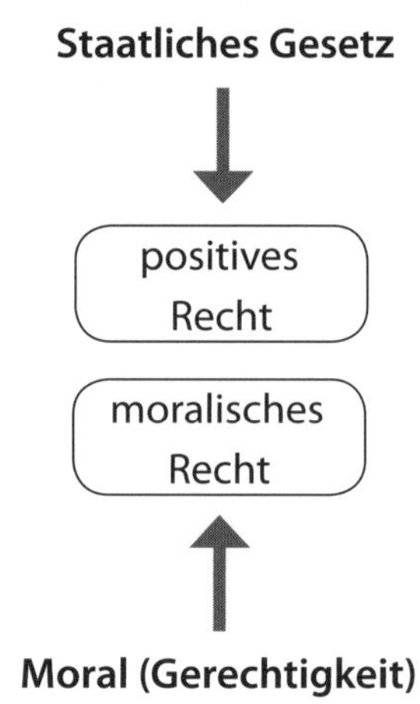

1. Formuliert Aussagen, in denen der Ausdruck „A hat ein Recht auf B" bedeutet, dass es ein Gesetz gibt, welches A das Recht verleiht (positives Recht), bzw. dass sich das Recht von A moralisch begründen lässt (moralisches Recht). Beschreibt möglichst genau den Zusammenhang, in dem diese Aussagen gemacht werden könnten.

2.1 Ein Recht auf Arbeit?

Das Recht auf Arbeit soll nur für [...] so genannte ‚Arbeitsgesellschaften' begründet werden. ‚Arbeitsgesellschaften' kann man [...] definieren als ‚Gesellschaften, in denen soziale Anerkennung wesentlich an die Teilnahme an gesellschaftlicher Arbeit und an der Anerkennung, die diese genießt, gebunden ist'. [...]

Erster Schritt: Es gibt [...] Bedingungen, ohne die ein menschenwürdiges Leben nicht möglich ist: Nahrung, Schutz vor den Unbilden der Witterung, Abhilfe bei starken Schmerzen, Sicherheit von Leib und Leben, emotionale Nahbeziehungen, private wie politische Autonomie[3], Individualität,

3 Autonomie = Selbstbestimmung, Selbstgesetzgebung, von griech. *auto*= selbst, *nomos* = Gesetz.

aber auch soziale Anerkennung als ‚einer von uns'. Wer in der Gesellschaft, in der er lebt, nicht richtig dazu gehört, nicht richtig mitmachen darf, als Mitglied zweiter Klasse behandelt wird oder gar ganz ausgeschlossen […] wird, dem wird – selbst wenn er ansonsten genug zu essen hat etc. – ein im vollen Sinne menschenwürdiges Leben vorenthalten. Es ist ein Grunderfordernis eines gerechten Staates, dass seine Institutionen allen ihnen unterworfenen Menschen den Zugang zu einer menschenwürdigen Existenz effektiv garantieren. […] Zweiter Schritt: Gehört soziale Zugehörigkeit auf die Liste der Bedingungen, die für ein menschenwürdiges Leben unabdingbar sind, dann ist für Arbeitsgesellschaften […] ein Recht auf entlohnte Arbeit moralisch gefordert. Das Menschenrecht auf soziale Zugehörigkeit nimmt in Arbeitsgesellschaften wesentlich die Form eines Rechtes auf Arbeit an.

Angelika Krebs: Arbeit und Liebe. Frankfurt/M. 2002, S. 200–201;

2. a) Erläutert den von Angelika Krebs (geb. 1961) gebrauchten Begriff der *Arbeitsgesellschaft*. Arbeitet Beziehungen zu anderen wichtigen Begriffen des Textes heraus.
   IV 1.5
   b) Bezieht eure Beobachtungen zur Arbeitslosigkeit ein.
3. Stellt die Begründung des Rechtes auf Arbeit dar. Orientiert euch an folgenden Fragen:
   a) Welche Behauptungen enthält der erste Schritt des Arguments? Welche Rolle spielt der Begriff des *menschenwürdigen Lebens*?
   b) Wie führt der zweite Schritt des Arguments diese Behauptungen zusammen? Welche Rolle spielt dabei der Begriff *Arbeitsgesellschaft*?
4. Diskutiert das Argument. Unterscheidet Probleme, die mit praktischer Umsetzbarkeit zu tun haben, von Bedenken gegenüber der Begründung, die der Text gibt.

Recherchiert im Internet, ob es politische Verfassungen gibt bzw. gab, in denen ein Recht auf Arbeit garantiert wurde. Versucht auch herauszufinden, wie man praktisch mit solchen Rechten umgegangen ist bzw. umgeht.

2.2 Ein Recht auf Einkommen ohne Arbeit?

Einige Politiker, Wissenschaftler und Wirtschaftsvertreter glauben, dass in einer hochproduktiven Industriegesellschaft nicht für alle Bürger ein bezahlter Arbeitsplatz zur Verfügung stehen kann. Die Idee eines Rechtes auf Arbeit scheint in diesem Zusammenhang an praktische Grenzen zu stoßen, ebenso die Vorstellung, dass wir in einer „Arbeitsgesellschaft" leben. Eine mögliche Reaktion auf diese Problematik ist die Forderung nach einem *unbedingten Grundeinkommen.*

IV 2.1

Unbedingtes Grundeinkommen

- Jeder Bürger und jede Bürgerin erhält vom Staat ein regelmäßiges Einkommen, welches durch Steuern finanziert wird.
- Die Auszahlung dieses Grundeinkommens wird an keine Bedingungen geknüpft. Man erhält das Grundeinkommen also unabhängig von Bedürftigkeit oder der Bereitschaft, eine bezahlte Arbeit aufzunehmen.
- Die Höhe des Grundeinkommens wird so bemessen, dass es nachhaltig finanzierbar ist, also dauerhaft in dieser Höhe aus dem Steueraufkommen finanziert werden kann.

Die Erde gehört allen

Philippe van Parijs (geb. 1951) und Yannick Vanderborght (geb. 1975) versuchen zu zeigen, dass ein *unbedingtes Grundeinkommen* nicht nur die Lebensbedingungen vieler Menschen (Arbeitsloser, Alleinerziehender, Geringverdienender etc.) verbessern würde. Sie sprechen von einer Forderung der Gerechtigkeit.

[...] der Wert der Erde und ganz allgemein der natürlichen Ressourcen – wozu auch jener Wert gerechnet wird, der sich aus dem privaten Eigentum von Boden und der privaten Ausbeutung von Ressourcen ergibt – [steht] allen Mitgliedern einer menschlichen Gemeinschaft, d. h. hier der ganzen Menschheit, zu gleichen Teilen zu. [...] Natürlich wäre eine in dieser Hinsicht gerechte Situation vorstellbar, indem jeder ein gleichwertiges Stück Boden erhielte. Jedoch sind die bürokratische Komplexität und wirtschaftliche Unsinnigkeit einer solchen Maßnahme in unserer heutigen demographischen und technologischen Situation so gravierend, dass eine andere praktische Umsetzung desselben Prinzips viel attraktiver ist.

Es geht also vielmehr um die Errichtung einer ‚Einheitssteuer', die auf den Verkehrswert der privat angeeigneten Böden und Bodenschätze erhoben wird. [...] Die Einnahmen aus dieser Steuer werden zu gleichen Teilen unter allen Mitgliedern einer Gemeinschaft verteilt, unabhängig davon, welchen individuellen Beitrag sie zur Wohlstandsproduktion leisten. Damit presst man nun nicht den Arbeitern einen Teil der Früchte ihrer Arbeit ab. Von denen, die von den natürlichen Ressourcen profitieren, wird lediglich erwartet, dass sie dafür eine angemessene Pacht an die Gesamtheit der legitimen Ressourcenbesitzer erstatten. Hinter dem Anschein einer Transferleistung verbirgt sich also nicht so sehr der Ausdruck einer Solidarität mit den sozial Schwachen, sondern die Verwirklichung eines gleichen Anrechts aller auf den ihnen jeweils zustehenden bescheidenen Anteil.

Yannick Vanderborght, Philippe van Parijs: Ein Grundeinkommen für alle? Frankfurt/M. 2005, S. 87–88;

1. Stellt dar, welche Rolle die Auffassung, dass die Erde bzw. natürliche Ressourcen ursprünglich allen Menschen gehören, für die Forderung nach einem unbedingten Grundeinkommen spielt.
2. Erläutert, was alles mit den Begriffen *Erde* bzw. *natürliche Ressource* gemeint sein könnte. Fasst die Begriffe dabei möglichst weit auf.
3. Arbeitet die verschiedenen Interpretationen der Bedeutung eines unbedingten Grundeinkommens heraus, die am Ende des Textes von den Autoren einander gegenüber gestellt werden. Begründet, warum die Autoren sich für eine der beiden Deutungen aussprechen.
4. Diskutiert, ob euch das Argument überzeugt. Unterscheidet dabei Probleme, die mit der praktischen Umsetzbarkeit eines unbedingten Grundeinkommens zu tun haben, von Bedenken, die mit der Begründung zusammenhängen, die der Text gibt.

Informiert euch darüber, in welchen Staaten es Ansätze zu einem unbedingten Grundeinkommen gibt und wie genau diese ausgestaltet sind.

Ein historischer Vorreiter: Thomas Paine (1736/37–1809)

Bereits während der Französischen Revolution erhob der in England geborene Publizist und Politiker Thomas Paine die Forderung nach einem Grundeinkommen. Er nannte dieses Grundeinkommen „Bodenrente“ *(groundrent)*, da er es ebenfalls mit einem gemeinsamen Eigentum an der Erde begründete.

Auguste Millère: Thomas Paine (1880)

a) Informiert euch über Paines Buch *Agrarian Justice.*
b) Ermittelt, welche Rolle in Paines Überlegungen der Vergleich des Lebens der Armen in Europa mit dem Leben der indianischen Bevölkerung in den Vereinigten Staaten spielt.

2.3 Menschenrechte und Arbeit

Die Idee der Menschenrechte entstand historisch im 18. Jahrhundert in Europa und Amerika. Sie gewann politisch vor allem nach dem Zweiten Weltkrieg durch die *Allgemeine Erklärung der Menschenrechte* (1948) hohe Bedeutung.

1. Welche Menschenrechte kennt ihr? Erstellt eine Liste.

Sechs Charakteristika von Menschenrechten

---

1. Menschenrechte bringen *moralische Ansprüche* zum Ausdruck: Es wird angenommen, dass diese Ansprüche unabhängig vom jeweils geltenden Recht bestehen. Deshalb können Menschenrechte z. B. durch Handlungen verletzt werden, die legal sind.
2. Die moralischen Ansprüche, welche Menschenrechte zum Ausdruck bringen, werden als besonders *wichtig* verstanden: Es wird angenommen, dass sie andere moralische Ansprüche oder Erwägungen normalerweise „übertrumpfen".
3. Menschenrechte sind *auf Menschen zugeschnitten:* Es wird angenommen, dass alle Menschen, aber auch nur Menschen, solche Rechte besitzen.
4. Alle Menschen haben mit Bezug auf ihre Menschenrechte *gleichen Status:* Es wird angenommen, dass sie genau dieselben Menschenrechte haben und dass die Berücksichtigung oder Verletzung dieser Rechte gleich wichtig ist, egal um wessen Menschenrechte es sich gerade handelt.
5. Menschenrechte werden als *uneingeschränkt gültig* verstanden: Es wird angenommen, dass sie in allen Kulturen oder Epochen, unabhängig von jeweils existierenden Religionen, Ethiken und Weltanschauungen gelten.
6. Menschenrechte werden als *allgemein akzeptierbar* verstanden: Es wird angenommen, dass die moralischen Ansprüche, welche sie zum Ausdruck bringen, im Prinzip von allen Menschen verstanden und anerkannt werden können, egal welcher Kultur oder Epoche sie angehören.

nach Thomas Pogge: Menschenrechte als Ansprüche an globale Institutionen, in: Ursula Renz, Barbara Bleisch (Hrsg.): Zu wenig. Zürich 2007, S. 136–137

---

2. Überprüft, ob sich die sechs Eigenschaften von Menschenrechten anhand eines Menschenrechtes, das ihr kennt, aufzeigen lassen.
3. Menschenrechte werden oft als universell[4] gültig bezeichnet. Analysiert und erläutert, welche der sechs Punkte diese Eigenschaft besonders zum Ausdruck bringen.

---

4 allgemein.

Wirtschaftliche, soziale und kulturelle Menschenrechte

Neben Schutzrechten gegenüber Eingriffen des Staates und Rechten auf politische Mitbestimmung werden zu den Menschenrechten auch wirtschaftliche, soziale und kulturelle Rechte gezählt. Zu Letzteren gehören die auf Arbeit bezogenen Rechte, die in der *Allgemeinen Erklärung der Menschenrechte* vom 10.12.1948 so formuliert werden:

Artikel 22
Jeder hat als Mitglied der Gesellschaft das Recht auf soziale Sicherheit und Anspruch darauf, durch innerstaatliche Maßnahmen und internationale Zusammenarbeit sowie unter Berücksichtigung der Organisation und der Mittel jedes Staates in den Genuss der wirtschaftlichen, sozialen und kulturellen Rechte zu gelangen, die für seine Würde und die freie Entwicklung seiner Persönlichkeit unentbehrlich sind.

Artikel 23
1. *Jeder hat das Recht auf Arbeit, auf freie Berufswahl, auf gerechte und befriedigende Arbeitsbedingungen sowie auf Schutz vor Arbeitslosigkeit.*
2. *Jeder, ohne Unterschied, hat das Recht auf gleichen Lohn für gleiche Arbeit.*
3. *Jeder, der arbeitet, hat das Recht auf gerechte und befriedigende Entlohnung, die ihm und seiner Familie eine der menschlichen Würde entsprechende Existenz sichert, gegebenenfalls ergänzt durch andere soziale Schutzmaßnahmen.*
4. *Jeder hat das Recht, zum Schutz seiner Interessen Gewerkschaften zu bilden und solchen beizutreten.*

Artikel 24
Jeder hat das Recht auf Erholung und Freizeit und insbesondere auf eine vernünftige Begrenzung der Arbeitszeit und regelmäßigen bezahlten Urlaub.

http://www.ohchr.org/EN/UDHR/Pages/Language.aspx?LangID=ger (27. 07.2012)

4. Untersucht, was Artikel 22 zur Begründung wirtschaftlicher, sozialer und kultureller Menschenrechte aussagt. Analysiert dabei die für diesen Artikel zentralen Begriffe und ihr Verhältnis zueinander.
5. Unterscheidet in Artikel 23 und 24 bei welchen Rechten eindeutig festgelegt wird, wozu sie berechtigen, und bei welchen Rechten dies nicht geschieht.
6. Diskutiert diejenigen Formulierungen, die ihr für nicht eindeutig haltet: welche Deutung würdet ihr ihnen geben? Begründet eure Meinung.

Informiert euch über andere Menschenrechtserklärungen neben der *Allgemeinen Erklärung der Menschenrechte*. Untersucht, wie diese anderen Erklärungen den Zusammenhang von Arbeit und Menschenrechten formulieren.

3 Gerechtigkeitsgrundsätze

Der vorangehende Abschnitt hat gezeigt, wie sich ein Recht auf Arbeit und Menschenrechte für diejenigen, die arbeiten, und sogar ein Recht auf Einkommen ohne Arbeit begründen lassen. Die genannten Rechte wurden allerdings auf sehr unterschiedliche Weise begründet. Und sie beschreiben eine gerechte Gesellschaft noch nicht vollständig.

IV 1.2

Im Folgenden untersuchen wir, nach welchen Grundsätzen eine gerechte Gesellschaft als Ganze aufgebaut sein könnte.

IV 2.1–2.3

1. Betrachtet nochmals die im vorigen Abschnitt begründeten „Bausteine“ der Gerechtigkeit.
   a) Stellt in Form eines Tafelbildes ihre unterschiedliche Begründung dar (das „Material“, aus dem sie bestehen), sowie die Beziehung dieser Rechte zueinander („Passen“ sie zueinander?).
   b) Nennt Leerstellen, d. h. Bereiche sozialer Gerechtigkeit, welche durch die drei Rechte nicht ausreichend bestimmt werden.

3.1 Gerechtigkeit als Nützlichkeit

John Stuart Mill (1806–1873) war überzeugt, dass Gerechtigkeitsgrundsätze aus dem *Nützlichkeitsprinzip* abgeleitet werden können. Gerechtigkeit erschien ihm als Teil der utilitaristisch begründeten Moral, die Handlungen oder moralische Regeln von ihren Folgen für das Wohlergehen aller Betroffenen her bewertet.

II 4.3

Nützlichkeit, Sicherheit, Gerechtigkeit

Gerechtigkeit ist der Name für eine Reihe moralischer Regeln, die für das menschliche Wohlergehen unmittelbar bestimmend und deshalb unbedingter verpflichtend sind als alle anderen Regeln des praktischen Handelns. […] Die Moralvorschriften, die es den Menschen verbieten, einander Schaden zuzufügen (wozu, wie wir nicht vergessen dürfen, auch die unrechtmäßige Einschränkung der Freiheit gehört), sind von größerer Bedeutung für das menschliche Wohlergehen als alle Maximen[5] *[…], die jeweils nur für einen Teilbereich des Lebens gelten. […] Wäre ihre Befolgung nicht die Regel, […] würde jeder in jedem anderen einen Feind vermuten, vor dem er ständig auf der Hut sein muss. […] An der Befolgung dieser Regeln entscheidet sich, ob ein Mensch in der Lage ist, als Glied einer Gemeinschaft von Menschen zu leben; […] Es sind nun aber im Wesentlichen diese Moralvorschriften, aus denen die Pflichten der Gerechtigkeit bestehen. […] Das Interesse, um das es geht, ist das Interesse an Sicherheit, in jedermanns Augen das wesentlichste unter allen Interessen. Von nahezu allen anderen irdischen Gütern lässt sich sagen, dass der eine sie braucht, der andere nicht. […] Aber auf Sicherheit kann ein Mensch unmöglich verzichten. Von ihr hängt es ab, ob wir vor Unglück bewahrt bleiben und ob wir den Wert eines*

---

5 Maxime = Grundsatz, nach dem sich das Handeln oder Wollen ausrichtet.

Guts über den flüchtigen Augenblick hinaus zu retten vermögen; denn wenn wir jedem hilflos ausgeliefert wären, der auch nur einen Moment lang stärker ist als wir, könnte allein die augenblickliche Befriedigung einen Wert für uns haben.

John Stuart Mill: Der Utilitarismus (1863), zitiert nach: Utilitarianism / Der Utilitarismus. Übers. und hrsg. von Dieter Birnbacher. Stuttgart 2008, Kap. 5, S. 177–179, S. 161–163;

2. Stellt den Zusammenhang zwischen Nützlichkeit, Sicherheit und Gerechtigkeit dar, den Mill behauptet.
3. Diskutiert, welche Rechte Mills Gerechtigkeitsverständnis begründet. Orientiert euch dabei an folgender Frage: Auf welche Arten von Sicherheit können Menschen „unmöglich verzichten"?

Verteilungsgerechtigkeit – oder: die Mittel zum Glück

4. Diskutiert, welche Haltung Mill eurer Meinung nach zur Frage der Verteilungsgerechtigkeit einnehmen müsste. Nehmt dabei Bezug auf den von Mill hergestellten Zusammenhang von Nützlichkeit, Sicherheit und Gerechtigkeit. Bezieht auch die im vorigen Abschnitt begründeten Rechte in eure Diskussion ein.

IV 2.1–2.3

5. Interpretiert folgende Aussage Mills und bezieht sie in eure Diskussion ein:

Dass in den Augen des Ethikers wie des Gesetzgebers jeder den gleichen Anspruch auf Glück hat, bedeutet, dass er den gleichen Anspruch auf die Mittel zum Glück hat, außer insoweit, als die unausweichlichen Bedingungen des menschlichen Lebens und das Gesamtinteresse [...] dieser Maxime Grenzen setzen; und diese Grenzen sollten so eng wie möglich gezogen werden.

John Stuart Mill: Der Utilitarismus (1863), zitiert nach: Utilitarianism / Der Utilitarismus. Übers. und hrsg. von Dieter Birnbacher. Stuttgart 2008, Kap. 5, S. 187–189;

6. Verfasst einen Essay zu dieser Aussage von John Stuart Mill.

Informiert euch, für wessen Rechte sich Mill in der Politik seiner Zeit besonders eingesetzt hat.

3.2 Gerechtigkeit als Gewährleistung des guten Lebens

II 2.3

Wir haben bereits Martha Nussbaums Liste menschlicher Fähigkeiten *(capabilities)* kennengelernt, die Voraussetzungen für das Glücken menschlichen Lebens formuliert.

Das gute menschliche Leben als Ziel des gerechten Staates

Martha Nussbaum (geb. 1947) versteht Gerechtigkeit als Forderung an den Staat, allen Bürgern ein gutes menschliches Leben im Sinne ihrer Liste der Fähigkeiten zu ermöglichen. Dabei knüpft Nussbaum an Gedanken von Aristoteles (384–322 v. Chr.) an. In dessen Werk *Politik* ist ebenfalls die Vorstellung leitend, dass der gerechte Staat das gute Leben des Einzelnen ermöglicht. Man bezeichnet dies oft als *teleologische*[6] Auffassung von Gerechtigkeit, weil das Glück als Endzweck des Menschen das Verständnis von Gerechtigkeit bestimmt.

Das von Aristoteles formulierte Ziel sollte als ein institutionelles […] verstanden werden. Das heißt, dass die Politik nicht einfach abwartet und schaut, wer zu den Zukurzgekommenen gehört […], und diesen Menschen dann aus ihrer misslichen Lage heraushilft. Stattdessen besteht ihr Ziel darin, ein umfassendes Unterstützungssystem zu schaffen, das allen Bürgern ein ganzes Leben lang eine gute Lebensführung ermöglicht. […] Der Aristoteliker verwendet die vorhandenen Ressourcen, um alle Bürger in die Lage zu versetzen, zumindest in minimalem Umfang eine gute Lebensführung wählen zu können.

Martha C. Nussbaum: Der aristotelische Sozialdemokratismus, in: Martha C. Nussbaum: Gerechtigkeit oder Das gute Leben. Frankfurt/M. 1999, S. 63; © Suhrkamp Verlag GmbH & Co. KG, Berlin

1. Untersucht die beiden möglichen Rollen des Staates, die im Text einander gegenüber gestellt werden. Verdeutlicht die Unterscheidung beider Rollen durch Beispiele.
2. Findet Argumente, die für oder gegen diese möglichen Rollen des Staates bzw. der Politik sprechen, und diskutiert diese.

Interne und externe Fähigkeiten

Um es kurz zusammenzufassen: Das aristotelische Programm zielt auf die Herausbildung von zwei Arten von Fähigkeiten ab: interne und externe.[7] *Die internen Fähigkeiten sind Eigenschaften (des Körpers, des Geistes und des Charakters), die es einem Menschen ermöglichen, sich für die Ausübung verschiedener von ihm geschätzter Tätigkeiten zu entscheiden. Externe Fähigkeiten sind interne Fähigkeiten plus der externen materiellen und sozialen Bedingungen, die dafür sorgen, dass dem einzelnen Individuum die Entscheidung für diese geschätzte Tätigkeit überhaupt offensteht.*

Martha C. Nussbaum: Der aristotelische Sozialdemokratismus, in: Martha C. Nussbaum: Gerechtigkeit oder Das gute Leben. Frankfurt/M. 1999, S. 63; © Suhrkamp Verlag GmbH & Co. KG, Berlin

---

6 Teleologisch = vom Ziel her gedacht bzw. bestimmt, von griech. *telos*, Ziel, Zweck.
7 Intern = innen, extern = außen.

3. Der Text stellt zwei Arten von Fähigkeiten einander gegenüber. Analysiert diese Unterscheidung und gebt sie mit eigenen Worten wieder.
4. II 2.3 Geht die Liste der Fähigkeiten durch. Analysiert bei jeder Fähigkeit, in welche internen und externen Fähigkeiten sie sich zerlegen lässt.
5. a) Erarbeitet anhand der Liste Beispiele für Maßnahmen, durch welche der Staat die entsprechenden internen und externen Fähigkeiten fördern kann.
   b) Arbeitet heraus, bei welchen Fähigkeiten ihr den Einfluss des Staates nicht für wünschenswert oder nicht für erforderlich haltet.

Fähigkeiten, nicht Tätigkeiten

Viele moderne Gerechtigkeitstheoretiker halten es für ungerecht, wenn der Staat den Bürgern vorzugeben versucht, was sie für das Gute bzw. das Glück halten sollen. Auch Martha Nussbaum versucht das entsprechende Gebot der *Neutralität* des Staates zu berücksichtigen.

Die Konzeption zielt nicht direkt darauf ab, Menschen dazu zu bringen, auf eine ganz bestimmte Weise zu funktionieren. Sie zielt vielmehr darauf ab, Menschen hervorzubringen, die zu bestimmten Tätigkeiten befähigt sind und die sowohl die Ausbildung als auch die Ressourcen haben, um diese Tätigkeiten auszuüben, falls sie dies wünschen. Die Entscheidung ist ihnen überlassen. Und eine der Fähigkeiten, die die aristotelische Regierung am meisten fördert, ist die Entscheidungsfähigkeit […].

Martha C. Nussbaum: Der aristotelische Sozialdemokratismus, in: Martha C. Nussbaum: Gerechtigkeit oder Das gute Leben. Frankfurt/M. 1999, S. 41;

6. Untersucht die Liste der Fähigkeiten darauf, welche Institutionen oder politischen Maßnahmen notwendig wären, wenn nicht die Fähigkeiten, sondern ihre tatsächliche Verwirklichung (= Anwendung der Fähigkeit) Ziel staatlichen Handelns wäre.
7. Diskutiert, ob ihr Martha Nussbaum zustimmt, dass ein Staat, der als Ziel Tätigkeiten statt Fähigkeiten verfolgen würde, kein gerechter Staat wäre.

3.3 Gerechtigkeit als fairer Vertrag

I 3.2/IV 3.4 John Rawls ist ein moderner Vertreter der *Vertragstheorie* der Gerechtigkeit.

Wissen

Vertragstheorien oder kontraktualistische[8] Theorien der Gerechtigkeit bestimmen, was Gerechtigkeit ist, indem sie analysieren, auf welche Gerechtigkeitsgrundsätze die Mitglieder einer Gesellschaft sich freiwillig vertraglich einigen könnten. Entsprechende Theorien gehen meist von der Vorstellung eines Naturzustandes aus, in dem noch keine rechtlichen oder moralischen Normen gelten, sodass diese von den betroffenen Menschen erst vereinbart werden.

Der Urzustand

John Rawls geht in seiner Theorie der Gerechtigkeit von einem Gedankenexperiment aus, in dem Beschränkungen des Wissens eine entscheidende Rolle spielen.

Es wird also angenommen, dass den Parteien[9] bestimmte Arten von Einzeltatsachen unbekannt sind. Vor allem kennt niemand seinen Platz in der Gesellschaft, seine Klasse oder seinen Status; ebenso wenig seine natürlichen Gaben, seine Intelligenz, Körperkraft usw. Ferner kennt niemand seine Vorstellung vom Guten, die Einzelheiten seines vernünftigen Lebensplanes, ja nicht einmal die Besonderheiten seiner Psyche wie seine Einstellung zum Risiko oder seine Neigung zum Optimismus oder Pessimismus. […] Keiner kennt seine Stellung in der Gesellschaft und seine natürlichen Gaben, daher kann niemand Grundsätze auf seinen Vorteil zuschneiden. […] Sollen sich aus dem Urzustand gerechte Vereinbarungen ergeben, so müssen sich die Vertragspartner in fairen Situationen befinden […].

John Rawls: Eine Theorie der Gerechtigkeit. Frankfurt/M. 1979, S. 160–165;

1. Analysiert, warum Rawls die Parteien im Urzustand hinter einem *Schleier des Nichtwissens* über Gerechtigkeitsgrundsätze entscheiden lässt.
2. Geht die einzelnen Einschränkungen des Wissens der Parteien im Urzustand durch. Überlegt euch, wie sich die Parteien bei der Festlegung der Gerechtigkeitsgrundsätze verhalten würden, wenn ihr Wissen nicht in dieser Hinsicht eingeschränkt wäre.

---

8 Von lat. *contractus* = Vertrag.

9 Partei im Sinne von Vertragspartei, Vertragspartner.

Zwei Gerechtigkeitsgrundsätze

John Rawls kam zu der Überzeugung, dass im Urzustand genau zwei Gerechtigkeitsgrundsätze gewählt werden würden. Diese Grundsätze regeln die Verteilung einer Reihe von *Grundgütern*, an denen laut Rawls jeder der Vertragspartner im Urzustand ein Interesse hat.

Grundgüter:
Grundfreiheiten, Chancen, mit Ämtern verbundene Befugnisse und Vorrechte, Einkommen und Vermögen, Selbstachtung

Gerechtigkeitsgrundsätze:

1. *Jede Person hat den gleichen unabdingbaren Anspruch auf ein […] System gleicher Grundfreiheiten, das mit demselben System von Freiheiten für alle vereinbar ist.*
2. *Soziale und ökonomische Ungleichheiten müssen zwei Bedingungen erfüllen: Erstens müssen sie mit Ämtern und Positionen verbunden sein, die unter Bedingungen fairer Chancengleichheit allen offen stehen; und zweitens müssen sie den am wenigsten begünstigten Angehörigen der Gesellschaft den größten Vorteil bringen (Differenzprinzip).*

John Rawls: Gerechtigkeit als Fairness. Frankfurt/M. 2006, § 13, S. 78;

3. Erläutert, was unter den von Rawls genannten Grundgütern zu verstehen ist.
4. Untersucht die beiden Gerechtigkeitsgrundsätze und verständigt euch zunächst über die Bedeutung der in ihnen vorkommenden Begriffe.
5. Erläutert, welche Forderungen im ersten Grundsatz an die Verteilung von Grundfreiheiten gestellt werden.
6. Erläutert, welche Forderungen im zweiten Grundsatz an soziale und ökonomische Ungleichheiten gestellt werden. Stellt dabei u. a. den Bezug zum Begriff der *sozialen Lotterie* her.
IV 1.4
7. Macht euch die Begründung der beiden Grundsätze klar:
   a) Bildet zu beiden Grundsätzen gegensätzliche Aussagen, indem ihr Verneinungen einfügt.
   b) Versetzt euch in die Situation des Urzustandes und vergleicht jedes Gerechtigkeitsprinzip mit seinem Gegensatz. Argumentiert – in der Rolle eines Bürgers im Urzustand – euren Mitschülern gegenüber, warum das Gerechtigkeitsprinzip bzw. sein Gegensatz gewählt werden sollte.
8. a) Diskutiert durch welche politischen Maßnahmen der zweite Gerechtigkeitsgrundsatz in einer Gesellschaft verwirklicht werden könnte.
   b) Bezieht in die Diskussion die im vorigen Abschnitt begründeten Rechte ein.
IV 2.1–2.3

3.4 Gerechtigkeit als Freiheit unter allgemeinen Gesetzen

Jean-Jacques Rousseau (1712–1778) und Immanuel Kant (1724–1804) haben in der Epoche der Aufklärung die vertragstheoretische Auffassung von Gerechtigkeit grundlegend mit bestimmt.

Naturzustand und Gesellschaftsvertrag

Gemeiniglich nimmt man an, dass man gegen niemand feindlich verfahren dürfe, als nur, wenn er mich schon tätig lädiert[10] *hat, und das ist auch ganz richtig, wenn beide im bürgerlich-gesetzlichen Zustande sind. Denn dadurch, dass dieser in denselben getreten ist, leistet er jenem (vermittelst der Obrigkeit, welche über beide Gewalt hat) die erforderliche Sicherheit. – Der Mensch aber […] im bloßen Naturstande benimmt mir diese Sicherheit und lädiert mich […], obgleich nicht tätig […], doch durch die Gesetzlosigkeit seines Zustandes, wodurch ich beständig von ihm bedroht werde, und ich kann ihn nötigen, entweder mit mir in einen gemeinschaftlich-gesetzlichen Zustand zu treten, oder aus meiner Nachbarschaft zu weichen.*

Immanuel Kant: Zum ewigen Frieden (1795). Akademieausgabe, Bd. VIII. Berlin 1923, S. 349

Wie lässt sich eine Form des Zusammenschlusses finden, die mit aller gemeinsamen Kraft die Person und die Güter jedes Teilhabers verteidigt und schützt, und durch die ein jeder, der sich allen anderen anschließt, dennoch nur sich selber gehorcht und ebenso frei bleibt wie zuvor? Das ist die grundsätzliche Schwierigkeit, für die der Gesellschaftsvertrag die Lösung bietet.

Jean-Jacques Rousseau: Vom Gesellschaftsvertrag (1762), zitiert nach: Vom Gesellschaftsvertrag. Übers. von Erich Wolfgang Skwara. Frankfurt/M. 1996, I, Kap. 6, S. 24; © Suhrkamp Verlag GmbH & Co. KG, Berlin

[…] man kann den Begriff des Rechts in der Möglichkeit der Verknüpfung des allgemeinen wechselseitigen Zwanges mit jedermanns Freiheit […] setzen.

Immanuel Kant: Metaphysik der Sitten (1797). Akademieausgabe, Bd. VI. Berlin 1914, Rechtslehre, Einleitung, S. 232

1. Stellt dar, wie Kant und Rousseau die Notwendigkeit des Übergangs vom Naturzustand in den gesellschaftlichen Zustand begründen.
2. Analysiert, welchen Anspruch Kant und Rousseau mit Bezug auf den Begriff der Freiheit formulieren.

10 Lädieren = schädigen, von lat. laesio, Schaden.

Notwendigkeit von Zustimmung und Allgemeinheit

Nun ist es, wenn jemand etwas gegen einen Anderen verfügt, immer möglich, dass er ihm dadurch Unrecht tue, nie aber in dem, was er über sich selbst beschließt [...]. Also kann nur der übereinstimmende und vereinigte Wille aller, so fern ein jeder über alle und alle über einen jeden ebendasselbe beschließen, mithin nur der allgemein vereinigte Volkswille gesetzgebend sein.

Immanuel Kant: Metaphysik der Sitten (1797). Akademieausgabe, Bd. VI. Berlin 1914, Rechtslehre, II, ii, 1, § 46, S. 313–314

3. Analysiert, welche Forderungen an die Gesetzgebung Kant formuliert und wie er diese begründet.
4. Stellt mit Bezug auf die Abbildung praktische Probleme von Kants Konzeption dar.

Juan Muñoz, Many Times, Installation, Tate Modern (2008)

Ich habe schon dargelegt, dass es über ein Sonderanliegen keinen allgemeinen Willen geben kann. [...] Aber wenn das ganze Volk über das ganze Volk bestimmt, sieht es sich nur selber [...]. Dann ist die Sache, über die bestimmt wird, so allgemein wie der bestimmende Wille. Das Ergebnis eines solchen Vorganges nenne ich ein Gesetz.
Wenn ich sage, dass der Gegenstand der Gesetze immer allgemein ist, meine ich damit, dass das Gesetz die Untertanen als Gesamtheit und Handlungen für abstrakt betrachtet, niemals sieht es im Menschen das Individuum noch in der Handlung das Einzelne. So kann das Gesetz sehr wohl bestimmen, dass es Privilegien geben soll, aber es kann sie namentlich keinem zuerkennen; das Gesetz kann mehrere Bürgerklassen schaffen und sogar die Eigenschaften festlegen, die Zutritt zu diesen Klassen erteilen, aber es kann nicht diesen und jenen nennen, der darin aufgenommen wird.

Jean-Jacques Rousseau: Vom Gesellschaftsvertrag (1762), zitiert nach: Vom Gesellschaftsvertrag. Übers. von Erich Wolfgang Skwara. Frankfurt/M. 1996, II, Kap. 6, S. 52–53;

5. Erläutert anhand von Beispielen, wie Rousseau in seiner Theorie des „allgemeinen Willens" die Forderungen nach Allgemeinheit von Gesetzen konkretisiert.
6. Ergänzt Rousseaus Überlegungen durch zusätzliche Forderungen an den Prozess der Gesetzgebung, die gewährleisten, dass Gesetze dem „allgemeinen Willen" Ausdruck geben.

3.5 Gerechtigkeit und soziale Marktwirtschaft

Das Konzept der sozialen Marktwirtschaft beschreibt und begründet eine bestimmte Form der wirtschaftlichen Ordnung und wirft damit auch Fragen der sozialen Gerechtigkeit auf.

Zum Begriff *Soziale Marktwirtschaft*

Der Begriff wurde erstmals vom Ökonomen Alfred Müller-Armack (1901–1978) geprägt. Dem heute von einer Mehrheit der politischen Parteien vertretenen Konzept der Sozialen Marktwirtschaft verhalf in der Bundesrepublik Deutschland politisch vor allem der erste Wirtschaftsminister und spätere Kanzler Ludwig Erhard (1897–1977) zum Durchbruch.

Wissen

Gemäß der Theorie der sozialen Marktwirtschaft ermöglichen der freie Leistungswettbewerb und das damit verbundene Gewinnstreben über Steigerung der Produktivität sozialen Fortschritt und Wohlstand und ein an der Nachfrage orientiertes Angebot. Der Staat garantiert die Freiheit der Wirtschaft, indem er das Privateigentum schützt. Er begrenzt die wirtschaftliche Freiheit, indem er die Einhaltung einer fairen Wettbewerbsordnung, insbesondere die freie Preisbildung kontrolliert. Der Staat kann zudem im Interesse der Allgemeinheit und sozial Schwacher in das Wirtschaftsgeschehen eingreifen, indem er z. B. Unternehmen in Krisensituationen unterstützt, Einkommen durch Zuschüsse, Ausgleichszahlungen etc. umverteilt oder durch Versicherungen für die soziale Sicherheit der Bürger sorgt.

nach Uwe Andersen/Wichard Woyke: Artikel: Soziale Marktwirtschaft, in: Handwörterbuch des politischen Systems der Bundesrepublik Deutschland. Opladen 2003

!?

1. Analysiert die Aussagen des Textes, indem ihr sie entweder dem Begriff *sozial* oder dem Begriff *Marktwirtschaft* zuordnet.
2. Untersucht, wie soziale und marktwirtschaftliche Elemente zusammenhängen. Orientiert euch an folgenden Fragen:
   - Welche soziale Bedeutung haben die eher marktwirtschaftlichen Elemente?
   - Welche wirtschaftliche Bedeutung haben die eher sozialen Elemente?
3. Analysiert, welche Sicht auf das Verhältnis von sozialen und marktwirtschaftlichen Elementen in der Karikatur zum Ausdruck gebracht wird.

Ludwig Erhard – Wohlstand für alle

„Wohlstand für alle" und „Wohlstand durch Wettbewerb" gehören untrennbar zusammen; das erste Postulat kennzeichnet das Ziel, das zweite den Weg, der zu diesem Ziel führt. […] Es ist sehr viel leichter, jedem Einzelnen aus einem immer größer werdenden Kuchen ein größeres Stück zu gewähren als einen Gewinn aus einer Auseinandersetzung um die Verteilung eines kleinen Kuchens ziehen zu wollen, weil auf solche Weise jeder Vorteil mit einem Nachteil bezahlt werden muss.

Ludwig Erhard: Wohlstand für alle. Berlin 1964, S. 9–12, S. 251–252; © Ludwig-Erhard-Stiftung

IV 3.3

4. a) Gebt Erhards Position zur Frage der gerechten Verteilung von Wohlstand wieder.
   b) Setzt sie in Beziehung zu John Rawls' Gerechtigkeitsgrundsätzen.
5. Diskutiert, ob ihr Erhard zustimmt? Begründet eure Zustimmung bzw. Ablehnung.

Das berechtigte Verlangen, dem Individuum größere Sicherheit zu geben, kann m. E. nur dadurch erfüllt werden, dass wir über eine Mehrung des allgemeinen Wohlstandes jedem Einzelnen das Gefühl seiner menschlichen Würde und damit auch die Gewissheit vermitteln, dass er von jedweden Gewalten unabhängig ist. Das mir vorschwebende Ideal *beruht auf der Stärke, dass der Einzelne sagen kann: „Ich will mich aus eigener Kraft bewähren, ich will das Risiko des Lebens selbst tragen, will für mein Schicksal selbst verantwortlich sein. Sorge du, Staat, dafür, dass ich dazu in der Lage bin." Der Ruf dürfte nicht lauten: „Du, Staat, komm mir zu Hilfe, schütze mich und helfe mir", sondern umgekehrt: „*Kümmere du, Staat, *dich* nicht um meine Angelegenheiten, *sondern gib mir so viel Freiheit und lass mir von dem Ertrag meiner Arbeit so viel, dass ich meine Existenz, mein Schicksal und dasjenige meiner Familie selbst zu gestalten in der Lage bin."*

Ludwig Erhard: Wohlstand für alle. Berlin 1964, S. 251–252; © Ludwig-Erhard-Stiftung

6. a) Stellt dar, welche politischen und sozialen Maßnahmen Bürger bzw. Bürgerinnen laut Erhard vom Staat fordern können – und welche nicht.
   b) Analysiert, wie Erhards Position mit seinem Verständnis des Einzelnen zusammenhängt.
7. a) Diskutiert, ob ihr Erhards Position teilt oder nicht. Führt dabei Beispiele an, die eure Beurteilung unterstützen.
   IV 3.1/3.2
   b) Bezieht eure Argumente auch auf John Stuart Mill und Martha Nussbaum.

4 Spannungen zwischen Rechten

In den folgenden Abschnitten beschäftigen wir uns mit Konflikten, die durch verschiedene Auffassungen von Recht und Gerechtigkeit entstehen. Solche Konflikte fordern uns zur argumentativen Auseinandersetzung auf.

4.1 Natürliche Rechte und positives Recht im Konflikt

Der amerikanische Pfarrer und Bürgerrechtler Martin Luther King (1929–1968) schrieb die folgenden Zeilen aus einem Gefängnis in Alabama. Dort wurde er festgehalten, weil er gegen Gesetze verstoßen hatte, die die schwarze Bevölkerung Amerikas benachteiligten.

Martin Luther King

Ungerechte Gesetze

Man kann mit Recht fragen: ‚Wie ist es zu vertreten, manche Gesetze zu übertreten und andere zu befolgen?' Die Antwort liegt in der Tatsache begründet, dass es zwei Arten von Gesetzen gibt: gerechte und ungerechte. Man ist nicht nur juristisch, sondern auch moralisch verpflichtet, gerechte Gesetze zu befolgen […]. Ungerecht ist ein von Menschen gemachtes Gesetz, das nicht auf dem unabänderlichen und natürlichen Recht beruht. Jedes Gesetz, das die Entfaltung der Persönlichkeit fördert, ist gerecht. Jedes Gesetz, das die Entfaltung der Persönlichkeit behindert, ist ungerecht. […] Ein ungerechtes Gesetz ist eine Bestimmung, deren Befolgung eine nach Anzahl oder Macht überlegene Gruppe von der unterlegenen erzwingt, die aber nicht an sich selbst bindend ist. So werden soziale Unterschiede legalisiert. Ich bin in keiner Weise dafür, wie der Rassenfanatiker das Recht zu umgehen oder zu missachten. Dies würde zur Anarchie[11] führen. […] Wer ein Gesetz bricht, das er mit seinem Gewissen nicht als gerecht vereinbaren kann und bereitwillig die Gefängnisstrafe akzeptiert, um das Gewissen der Öffentlichkeit auf diese Ungerechtigkeit aufmerksam zu machen, der beweist damit in Wirklichkeit den allerhöchsten Respekt vor dem Gesetz.

Martin Luther King: Brief aus dem Gefängnis in Birmingham, zitiert nach: Kohlberg/Turiel, in: Gerhard Portele (Hrsg.): Sozialisation und Moral. Weinheim, Basel 1978, S. 56

11 Anarchie=Zustand ohne Herrschaft, gesetzloser Zustand.

IV 3.1–3.4

Informiert euch über die rechtliche Situation der schwarzen Bevölkerung in den USA der 1960er Jahre. Welche Aspekte des in den USA damals geltenden Rechts würdet ihr als ungerecht bezeichnen? Auf welche Gerechtigkeitsgrundsätze könnt ihr euch dabei beziehen?

1. Arbeitet die Unterscheidung von ungerechten und gerechten Gesetzen heraus, die der Text vornimmt und gebt die Charakterisierungen, die Martin Luther King für beide Arten von Gesetzen vornimmt, mit eigenen Worten wieder.
2. Diskutiert die von Martin Luther King vertretenen Maßstäbe für die Gerechtigkeit bzw. Ungerechtigkeit von Gesetzen.
3. Diskutiert Martin Luther Kings Empfehlung, wie man sich gegenüber einem ungerechten Gesetz zu verhalten habe. Stimmt ihr ihm zu? Begründet eure Position.

Naturrecht

Martin Luther King greift in seinem Brief die Tradition des sogenannten Naturrechts auf.

Wissen

Die Naturrechtstradition geht auf Antike und Mittelalter zurück. Sie hat in der Neuzeit die französische und amerikanische Revolution und die Entstehung der Idee der Menschenrechte beeinflusst. In der Naturrechtstradition wird davon ausgegangen, dass „natürliche" Rechte folgende Eigenschaften haben:

1. Ihre Geltung setzt keine Setzung durch einen Gesetzgeber oder eine gemeinschaftliche Vereinbarung voraus.
2. Sie können auch nicht durch Gesetzgebung aufgelöst oder durch Vereinbarung aufgegeben werden. (Unveräußerlichkeit natürlicher Rechte bzw. Unveränderlichkeit des Naturrechts).
3. Das Naturrecht bietet einen Maßstab, an dem sich die Gesetzgebung (das „positive" Recht[12], von lat. *positio*, Setzung) zu orientieren hat.

IV 2.1–2.3

Insofern handelt es sich beim Naturrecht um eine besondere Form moralischer Rechte. Besonders ist die herausgehobene Rolle, welche der Begriff der Natur in der Begründung des Naturrechts spielt. Man unterscheidet dabei drei Begründungsformen:

1. „kosmologisch", d. h. mit Verweis auf eine *natürliche (z. B. durch Gott gegebene) Weltordnung,*
2. „anthropologisch", d. h. mit Verweis auf die *Natur des Menschen*, insbesondere seine Würde und Freiheit,
3. „vernunftrechtlich", d. h. mit Verweis auf Grundsätze, welche die *allen Menschen natürlicherweise gemeinsame Vernunft* gebietet.

---

4. Ordnet Martin Luther Kings Argumentation einer der drei Begründungsformen des Naturrechts zu. Begründet und diskutiert diese Zuordnung miteinander.

12 Von lat. *positio* = Setzung.

4.2 Übergesetzliches Recht

Der Rechtsphilosoph Gustav Radbruch (1878–1949) hat 1946 unter dem Eindruck des Nationalsozialismus Überlegungen zu einem *übergesetzlichen Recht* formuliert, die oft auch als *Radbruchsche Formel* bezeichnet werden.

Gustav Radbruch

[…] einen Wert führt schon jedes positive Gesetz ohne Rücksicht auf seinen Inhalt mit sich: Es ist immer noch besser als kein Gesetz, weil es zum mindesten Rechtssicherheit schafft. […] Dass das Recht sicher sei […] ist zugleich eine Forderung der Gerechtigkeit. […] Der Konflikt zwischen der Gerechtigkeit und der Rechtssicherheit dürfte dahin zu lösen sein, dass das positive, durch Satzung und Macht gesicherte Recht auch dann Vorrang hat, wenn es inhaltlich ungerecht und unzweckmäßig ist, es sei denn, dass der Widerspruch des positiven Gesetzes zur Gerechtigkeit ein so unerträgliches Maß erreicht, dass das Gesetz als ‚unrichtiges Recht' der Gerechtigkeit zu weichen hat. Es ist unmöglich, eine schärfere Linie zu ziehen […], eine andere Grenzziehung aber kann mit aller Schärfe vorgenommen werden: […] wo die Gleichheit, die den Kern der Gerechtigkeit ausmacht, bei der Setzung positiven Rechts bewusst verleugnet wurde, da ist das Gesetz nicht etwa nur ‚unrichtiges Recht', vielmehr entbehrt es überhaupt der Rechtsnatur. […] Das gilt insbesondere von den Bestimmungen, durch welche die nationalsozialistische Partei entgegen dem Teilcharakter jeder Partei die Totalität des Staates für sich beanspruchte. Der Rechtscharakter fehlt weiter allen jenen Gesetzen, die Menschen als Untermenschen behandelten und ihnen die Menschenrechte versagten. Ohne Rechtscharakter sind auch alle jene Strafdrohungen, die […] Straftaten verschiedenster Schwere mit der gleichen Strafe, häufig mit der Todesstrafe, bedrohten.

Gustav Radbruch: Gesetzliches Unrecht und übergesetzliches Recht, in: Süddeutsche Juristenzeitung 1946, S. 105–108

1. Der Text nimmt eine *unscharfe* und eine *scharfe* Grenzziehung zwischen gesetzlichem Recht und Unrecht vor. Arbeitet beide heraus. Orientiert euch dabei daran, welche Rolle die Begriffe *Unerträglichkeit* bzw. *Gleichheit* spielen.
2. Diskutiert, ob euch die so gezogenen Grenzen überzeugen. Geht dabei auf die von Radbruch gegebenen Beispiele bzw. eigene Beispiele ein.

Radbruch und die Mauerschützen

Gustav Radbruchs Idee vom übergesetzlichen Recht spielte in der jüngeren Vergangenheit, bei der juristischen Aufarbeitung der Geschichte der DDR, eine wichtige Rolle.

Einige Juristen und Gerichte argumentierten nach dem Ende der DDR mit der *Radbruchschen Formel*. Sie versuchten mit ihr zu begründen, dass die sogenannten „Mauerschützen" bestraft werden sollten, obgleich diese sich auf das innerhalb der DDR geltende Grenzgesetz bzw. entsprechende Befehle von Vorgesetzten berufen konnten.

(1) Zwei Grenzsoldaten der DDR feuern am 1.12.1984 um 3.15 Uhr auf einen DDR-Bürger, der gerade versuchte, mittels einer Leiter die Mauer in Richtung Bezirk Wedding zu überwinden, insgesamt 52 Patronen ab. Der Flüchtende wird in Knie und Rücken getroffen und stirbt um 6.20 Uhr im Krankenhaus der Volkspolizei. Die beiden Soldaten werden belobigt. Gerügt wird allerdings der hohe Schussverbrauch.
(2) Zwei Grenzsoldaten geben 1972 auf einen die Spree in Richtung auf das Kreuzberger Ufer durchschwimmenden DDR-Bürger mehrere Feuerstöße von je zwei Schuss aus der Hüfte ab. Der Flüchtende wird tödlich in den Kopf getroffen. Die beiden Soldaten werden noch in derselben Nacht von ihrem Posten abgelöst und am nächsten Tag mit einem Leistungsabzeichen und einer Geldprämie von 150 Mark ausgezeichnet.

Horst Dreier: Thesenpapier: Gustav Radbruch und die Mauerschützen.
www.uni-graz.at/mauerschuetzen.pdf (23.8.2011)

3. Versetzt euch in die Situation nach dem Ende der DDR. Diskutiert, ob DDR-Grenzsoldaten wie die im Text genannten bestraft werden sollen. Orientiert euch an folgenden Fragen:
   - Welche Beurteilung legt die Radbruchsche Formel nahe?
   - Auf welche Rechte können die Opfer bzw. ihre Angehörigen sich berufen?
   - Worauf können die Grenzsoldaten sich zu ihrer Verteidigung berufen?

DDR-Grenzsoldaten (1971)

4.3 Grundrechte im Widerstreit: der Kopftuchstreit

Im Jahr 2003 wurde eine muslimische Grund- und Hauptschullehrerin nach ihrer Referendariatsausbildung vom Land Baden-Württemberg nicht in den Schuldienst übernommen, da sie sich weigerte, auf das Tragen des Kopftuches im Unterricht zu verzichten. Dieser Fall wurde in der Öffentlichkeit stark diskutiert, nicht zuletzt, weil dabei verschiedene *Grundrechte* aufeinander zu treffen schienen.

Mädchen und Frauen mit Kopftuch

1. a) Gebt an, welche Assoziationen, Gedanken oder Gefühle ihr mit dem Kopftuch verbindet. Bezieht die Abbildungen mit ein.
   b) Stellt eure Ergebnisse in einem Schaubild dar. Unterscheidet zwischen lebensweltlichen, religiösen und politischen Gesichtspunkten.

Grundrechte

Die Rechte, über die wir bislang als Menschenrechte oder Grundfreiheiten gesprochen haben, werden wegen ihrer grundlegenden Bedeutung und ihrer Unveräußerlichkeit[13] manchmal auch als Grundrechte bezeichnet. „Grundrecht" ist aber vor allem der Begriff, unter dem das Grundgesetz der Bundesrepublik Deutschland eine Formulierung unveräußerlicher Menschenrechte vornimmt, die damit als verbindliches und höchstes Recht für die Bundesrepublik gelten (Art. 1–19 GG). Das Grundgesetz nimmt dabei in Art. 1 Bezug auf die Verpflichtung des Staates, die Würde des Menschen zu achten und zu schützen, sowie auf die Bedeutung der Menschenrechte „als Grundlage jeder menschlichen Gemeinschaft, des Friedens und der Gerechtigkeit in der Welt."

Der Kopftuchstreit als Auseinandersetzung um Rechte

Auf der folgenden Doppelseite werden euch verschiedene Positionen innerhalb des ab 2003 in der Öffentlichkeit geführten Kopftuchstreits vorgestellt:

2. Analysiert, welche Beschreibungen in den verschiedenen Texten mit dem Tragen des Kopftuches verbunden werden. Unterscheidet auch hier zwischen lebensweltlichen, religiösen und politischen Gesichtspunkten.
3. Stellt zusammen, welche Grundrechte die Texte mit dem Tragen des Kopftuches in der Schule in Zusammenhang bringen und inwiefern diese Grundrechte jeweils für eine gerechte Gesellschaft unabdingbare Grundfreiheiten schützen.
4. Untersucht, wie die verschiedenen Grundrechte von den einzelnen Autoren unterschiedlich gegeneinander abgewogen werden und mit welchem Argument die Entscheidung für eines davon schließlich gerechtfertigt wird.
5. Diskutiert, ob das Tragen des Kopftuchs von muslimischen Lehrerinnen an deutschen Schulen erlaubt sein sollte. Begründet eure Position.

Recherchiert Informationen über die Autoren der unterschiedlichen Positionen und über den konkreten Anlass für ihre Äußerung.

13 unveräußerliches Recht = Recht, welches nicht durch Vereinbarung abgegeben, oder durch andere aufgehoben werden kann.

4.4 Positionen im Kopftuchstreit

Edith Kresta, Journalistin

Natürlich ist es löblich und fortschrittlich, dass in unserem von der christlichen Tradition geprägten Kulturraum nun auch anderen Religionen Öffentlichkeit eingeräumt wird: freie Religionsausübung – aber muss diese in der Schule stattfinden? […] Die Schule ist eine staatliche Institution, außer in Konfessionsschulen. […] Religion ist Privatsache. Privatsache ist auch, dass für Ferestha Ludin das Kopftuch Emanzipation bedeutet, ihr Recht auf Selbstbestimmung als Frau. […] Sie kann in der Zeit, wo sie nicht unterrichtet, das Kopftuch tragen wie ein bekennender Christdemokrat das Parteiabzeichen. Schule jedoch muss ein weltanschaulich und politisch neutraler Raum bleiben. […] Das Kopftuch widerspricht letztlich, wenn man es mit seinen weltlichen Konsequenzen ernst nimmt, dem gesetzlich verbrieften Gleichheitsgrundsatz zwischen den Geschlechtern in unserer Gesellschaft, weil es die Ungleichheit zwischen Mann und Frau betont.

Edith Kresta: Klassenzimmer ohne Kreuz und Kopftuch, in: taz – die tageszeitung, 14.07.2003.

Johannes Rau, Bundespräsident von 1999 bis 2004

Jeder Gläubige hat als Lehrer eine besondere Pflicht zu beachten, eine Pflicht, die daraus erwächst, dass ihm der Staat und die Eltern Kinder zur Ausbildung und Erziehung anvertrauen. Deshalb muss er die Werte unseres Grundgesetzes vermitteln und die Erziehungsvorstellungen der Eltern achten und seine eigenen Überzeugungen in der Schule zurücknehmen. Das bedeutet aber nicht, dass er seinen Glauben in der Schule verbergen oder verstecken muss.
Das gilt für alle Lehrerinnen und Lehrer. Ich bin der festen Überzeugung, dass wir nicht ein Symbol einer Religion – und das ist das Kopftuch jedenfalls auch – verbieten und dennoch glauben können, wir könnten alles andere beim Alten lassen. Das ist mit der Religionsfreiheit, die unser Grundgesetz allen Menschen garantiert, nicht vereinbar und würde deshalb das Tor zu einer Entwicklung öffnen, die doch die meisten Befürworter eines Kopftuchverbots gar nicht wollen.

Johannes Rau: Religionsfreiheit heute – zum Verhältnis von Staat und Religion in Deutschland. http://www.bundespraesident.de/SharedDocs/Reden/DE/Johannes-Rau/Reden/2004/01/20040122_Rede.html (18.4.2012)

Wolfgang Thierse, Bundestagspräsident von 1998 bis 2006

Ich selbst bin – gerade weil es in unserer Debatte nur um das Kopftuch von Lehrerinnen geht – eher für ein Verbot (mit Einschränkung). Das Kopftuch steht – so meine Wahrnehmung – für Auffassungen, die nicht mit den Werten des Grundgesetzes vereinbar sind. […] Diese Position gründet darauf, dass das Kopftuch kein nur oder vor allem religiöses Symbol ist, sondern noch mehr kulturelles und politisches Zeichen. Die Problematik des muslimischen Kopftuchs dagegen liegt in seiner Mehrdeutigkeit. Wenn eine Muslima das Tragen eines Tuchs als zu ihrer islamischen Glaubensüberzeugung gehörig darlegen kann, gehört das in den Schutzbereich von Artikel 4 des Grundgesetzes. […] Der Staat – und seine Schulen – haben sich nach unserer Verfassung gegenüber den Religionen neutral zu verhalten. […] Deshalb bietet sich nicht der Ausweg, durch die Unterscheidung zwischen Religion und Kultur den Kopftuchstreit zu entscheiden. Wir können nicht von Staats wegen bestimmen, ob das Kopftuch grundsätzlich religiös oder bloß kulturell ist. Dass dies im Islam selbst höchst umstritten ist, sollte uns erst recht davor zurückschrecken lassen.

Wolfgang Thierse: Auf der Waagschale. Rede Evangelische Akademie Tutzing, 19. März 2004. http://www.thierse.de/reden-und-texte/reden/evangelische-akademie-tutzing-2004/ (18.4.2012)

Aufruf von 72 prominenten Frauen aus Politik und Gesellschaft

Wenn wir ohne Prüfung der individuellen Motive generell Frauen mit Kopftuch vom öffentlichen Schulleben ausschließen, treffen wir gerade die Frauen, die mit ihrem Streben nach Berufstätigkeit einen emanzipatorischen Weg beschreiten wollen. Da das Kopftuch ein geschlechtsspezifisches Merkmal ist, treffen wir zudem immer nur Frauen und nie den Mann – weder als Unterdrücker noch als politisch Agierenden. Es steht zu befürchten, dass das Verbot des Kopftuchs für Lehrerinnen die allgemeine gesellschaftliche Stigmatisierung derjenigen Frauen, die es tragen, vorantreibt. Mit der Botschaft, das Kopftuch sei per se politisch und gehöre daher verboten, wird diese Einordnung auch die Frau in der Arztpraxis, die Verkäuferin und vielleicht bald auch die Schülerin treffen. […]

Nur wenn wir deutlich machen, dass wir nicht den Islam als Religion ablehnen, sondern uns gegen Fundamentalismus und antidemokratische Einstellungen verwahren, werden wir die Auseinandersetzung um den politischen Islam gemeinsam mit der muslimischen Bevölkerung führen können.

Aufruf wider eine lex[14] Kopftuch, initiiert von Marieluise Beck u. a., 1. Dezember 2003. http://www.bpb.de/politik/innenpolitik/konfliktstoff-kopftuch/ (18.4.2012)

---

14 *Lex* = lat. Gesetz.

4.5 Recht zwischen Staaten – oder: gibt es gerechte Kriege?

Bisher haben wir das Problem ausgeklammert, dass auf der Erde nicht nur ein einziger Staat existiert. Im Folgenden untersuchen wir das Problem, wie das Verhältnis mehrerer Staaten gerecht geordnet werden kann, insbesondere im Hinblick auf Krieg und Frieden.

Das Recht auf Selbstbestimmung (Souveränität)

Ein Staat ist nämlich nicht (wie etwa der Boden, auf dem er seinen Sitz hat) eine Habe […]. Er ist eine Gesellschaft von Menschen, über die niemand anders als er selbst zu gebieten […] hat. Ihn aber, der selbst als Stamm seine eigene Wurzel hatte, als Pfropfreis[15] einem andern Staate einzuverleiben, heißt seine Existenz als einer moralischen Person aufheben und aus der Letzteren eine Sache machen, und widerspricht also der Idee des ursprünglichen Vertrags, ohne die sich kein Recht über Völker denken lässt. […]
Kein Staat soll sich in die Verfassung und Regierung eines andern Staats gewalttätig einmischen. Denn was kann ihn dazu berechtigen?

Immanuel Kant: Zum ewigen Frieden (1795). Akademieausgabe, Bd. VIII, Berlin 1923, S. 344–346

1. a) Gebt Kants Argumentation für das sogenannte „Selbstbestimmungsrecht" der Völker wieder. Erläutert insbesondere die Metaphern von Wurzel, Stamm und Pfropfreis und die Unterscheidung von Person und Sache.
   b) Entwickelt Gegenargumente, welche unter bestimmten Umständen eine Einmischung in die inneren Angelegenheiten eines Staates erlauben.

I 3.4

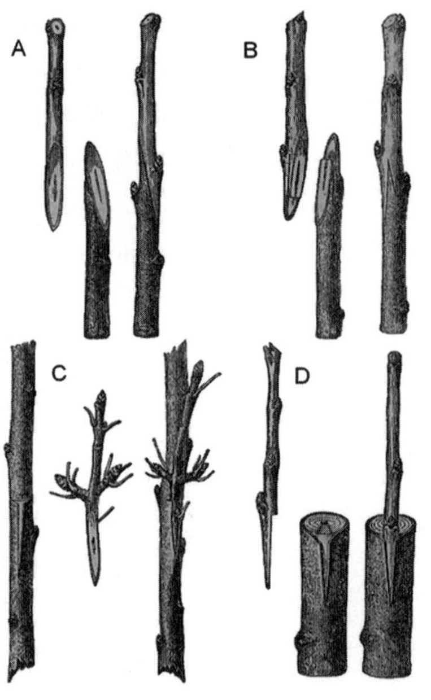

Veredelung

Die Idee des Völkerbundes

Völker als Staaten können wie einzelne Menschen beurteilt werden, […] deren jeder um seiner Sicherheit willen von dem andern fordern kann und soll, mit ihm in eine der bürgerlichen ähnliche Verfassung zu treten, […]. Dies wäre ein Völkerbund […], den man den Friedensbund *[…] nennen kann, der vom* Friedensvertrag *[…] darin unterschieden sein würde, dass dieser bloß* einen *Krieg, jener aber* alle *Kriege auf immer zu endigen suchte. Dieser Bund geht auf keinen Erwerb irgendeiner Macht des Staats, sondern lediglich auf Erhaltung und Sicherung der* Freiheit *eines Staats für sich selbst und zugleich anderer verbündeten Staaten […].*

Immanuel Kant: Zum ewigen Frieden (1795). Akademieausgabe, Bd. VIII. Berlin 1923, S. 356

15 Ein Spross bzw. Zweig, der auf einen anderen Stamm, die Unterlage, „aufgepfropft", also mit ihm verbunden wird, z. B. bei der Veredelung von Obstbäumen. (s. Abbildung).

2. Nennt internationale Institutionen, die Kants Idee eines Friedensbundes entsprechen bzw. entsprochen haben.
3. Argumentiert für Kants Idee eines Völkerbundes. Bezieht dabei den Text Kants zum Selbstbestimmungsrecht mit ein. Geht in zwei Schritten vor:
   a) Begründet, warum das Ziel des Völkerbundes gerechtfertigt ist.
   b) Begründet, warum der Völkerbund einer durch Zwang herbeigeführten Vereinigung der Völker in einem Weltstaat vorgezogen werden sollte.

Völkerrecht

Das Völkerrecht regelt die Beziehungen von Staaten. Es weist diesen Rechte und Pflichten zu. Außerdem bestimmt das Völkerrecht die Rolle internationaler Organisationen. Die wichtigste Rechtsquelle für das Völkerrecht sind Verträge und Vereinbarungen, die von Staaten untereinander geschlossen werden. Außerdem wird die allgemeine Anerkennung einer Praxis durch die Staaten als Rechtsquelle angesehen (sogenanntes Völkergewohnheitsrecht). Das Völkerrecht verfügt bislang nicht im gleichen Maße über ein zentrales Gesetzgebungsorgan wie Staaten. Auch sind zentralisierte Sanktions- und Durchsetzungsmechanismen weniger ausgeprägt.

Trotzdem hat sich seit dem Ende des Zweiten Weltkrieges eine Ordnung etabliert, in der den Vereinten Nationen (UN, von engl. *United Nations*) eine zentrale Rolle zukommt. Die Satzung („Charta") der Vereinten Nationen hat sich in diesem Zusammenhang als eine Art Verfassung etabliert. Sie definiert die Wahrung oder Wiederherstellung des Weltfriedens als oberstes Ziel und stattet den Weltsicherheitsrat mit der Befugnis aus, dieses Ziel letztlich auch mit Gewalt durchzusetzen. Ein hoher Stellenwert kommt in der UN-Charta der staatlichen Souveränität zu. Als Gefährdungen des Weltfriedens, die Gegenmaßnahmen durch die Völkergemeinschaft (sogenannte Interventionen) rechtfertigen, werden gewertet: Angriffskriege bzw. das Vorbereiten derselben und schwerwiegende Missachtungen der Menschenrechte durch staatliches Handeln. Im letzteren Fall spricht man von „humanitären" Interventionen.

4. Diskutiert, ob die staatliche Souveränität unter den beiden im Text genannten Bedingungen durch Interventionen, z. T. auch mit Gewalt, verletzt werden sollte. Bezieht dabei euer Wissen über das Selbstbestimmungsrecht mit ein.

Informiert euch über UN-Interventionen bzw. die Rolle der UN bei Konflikten in der jüngeren Vergangenheit. Welche praktischen Probleme lassen sich feststellen?

4.6 Recht zum Krieg / Recht im Krieg

Die Frage, ob Kriege moralisch gerechtfertigt werden können, wird in der Ethik und im Recht seit der Antike diskutiert. Dabei hat sich Folgendes durchgesetzt: Einerseits wird untersucht, welche Gründe moralisch zum Krieg berechtigen – in diesem Zusammenhang spricht man vom „Recht *zum* Krieg" (lat. *ius ad bellum*). Andererseits wird das Spektrum moralisch erlaubter Mittel im Krieg und Kriegsziele eingegrenzt. Man spricht in diesem Zusammenhang vom „Recht *im* Krieg" (lat. *ius in bello*) oder auch vom „Kriegsrecht". Völkerrechtlich haben die Staaten seit dem Zweiten Weltkrieg mit der UN-Charta (s. o., Völkerrecht), der *Genfer Konvention* (1949) und anderen internationalen Abkommen einen Rahmen geschaffen, der im Sinne des positiven Rechts ebenfalls Antworten auf beide Fragen formuliert.

Recherchiert, wie es zur *Genfer Konvention* kam und was deren wichtigste Bestimmungen sind.

Sind humanitäre Interventionen moralisch vertretbar?

Innerhalb der modernen Ethik ist man sich einig, dass Selbstverteidigung gegen einen kriegerischen Angriff moralisch gerechtfertigt ist. Umstrittener ist die Frage, ob schwere Menschenrechtsverletzungen in einem Staat rechtfertigen, kriegerische Mittel gegen diesen Staat einzusetzen (*humanitäre Intervention*)

Eine Geschichte. Ein Herr Clinton,[16] wohnhaft in Washington D.C., bittet Herrn Norman aus Cincinatti,[17] Ohio, Frau Petrovic aus Nis[18] umzubringen. Sein Grund für diese Bitte ist, dass Herr Milosevic[19] aus Belgrad[20] Herrn Derkian aus Kirnin hat umbringen lassen und Herrn Pernat, ebenfalls aus Kirnin, umbringen lassen wird, wenn ihm nicht Widerstand entgegengestellt wird. Tatsächlich verhält es sich so, wie Clinton meint […]. Frage: Tut Clinton recht, wenn er Norman bittet, Petrovic zu töten? Abstrakt gesprochen: Dürfen wir Dritte töten, oder vielleicht sogar: sollen wir sie töten, wenn damit das Töten anderer verhindert werden kann? Wir dürfen es nicht, und Clinton tut nicht recht. […] Der Grund ist, dass es unrecht ist, einen Menschen um eines Zieles willen zu töten, das nicht sein Ziel ist. Man darf manchmal Menschen töten, aber man darf sie nicht verheizen. Frau Petrovic würde verheizt werden: Man kauft sich das Leben von Pernat mit ihrem. Das ist ihr nicht zumutbar.

Rüdiger Bittner: Humanitäre Interventionen sind unrecht, in: Georg Meggle (Hrsg.): Humanitäre Interventionsethik. Paderborn 2004, S. 99–100

16 Bill Clinton, US-Präsident 1993–2001.
17 Stadt in den USA.
18 Nis, zweitgrößte Stadt Serbiens.
19 Slobodan Milosevic, Serbischer Politiker, Präsident Serbiens bzw. Jugoslawiens 1989–2000.
20 Hauptstadt Serbiens.

1. Stellt das im Text von Rüdiger Bittner (geb. 1945) entwickelte Argument gegen humanitäre Interventionen mit eigenen Worten dar.
2. Entwickelt eigene Argumente, die das im Text entwickelte Argument kritisieren bzw. widerlegen.
3. Argumentiert für die humanitäre Intervention, indem ihr von der moralischen Beurteilung von Notwehr bzw. Nothilfe bei Individuen ausgeht. Bezieht dabei auch mögliche Gegenargumente ein und überlegt, ob diese sich widerlegen lassen.

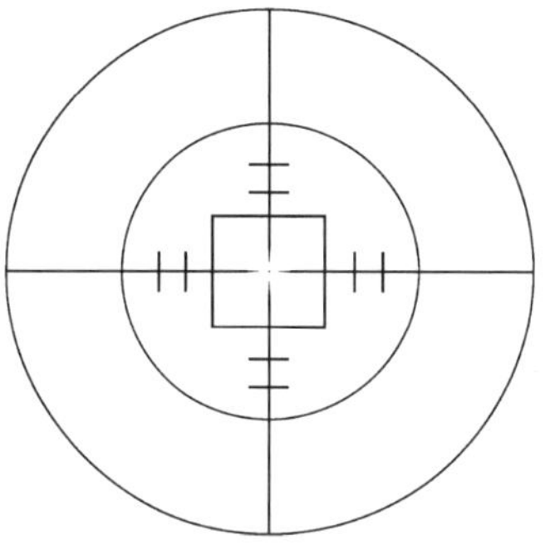

Informiert euch über den Kosovo-Krieg, um den es in diesem Text geht und über die Rolle der Vereinten Nationen (UN). Überprüft, ob diese Informationen eure Argumente beeinflussen.

Moralische Normen für die Kriegsführung

Für die Art der Gewaltanwendung / Kriegsführung muss gelten:
(1) sie ist für das Gewalt- / Kriegseinsatz-Ziel erforderlich und dienlich,
(2) sie richtet sich weder direkt noch indirekt gegen unbeteiligte Dritte / Unschuldige,
(3) sie schädigt die eigene Seite sowie die des Gegners so gering wie möglich,
(4) sie verzichtet auf Handlungen wie Vertreibungen, Massenvergewaltigungen, Einsatz von Atombomben, Flächenbombardierungen.

nach Georg Meggle: Terror & Gegen-Terror, in: Georg Meggle: Terror & der Krieg gegen ihn. Paderborn 2003, S. 36

4. Entwickelt Argumente, welche die vier von Georg Meggle (geb. 1944) formulierten Regeln zur Kriegsführung unterstützen. Bezieht dabei euer Wissen über gerechte Kriegsgründe sowie eure Kenntnisse über allgemeine moralische Prinzipien mit ein.
5. Diskutiert, ob es in der Praxis möglich ist, diese Regeln zu befolgen.

Der Krieg verleiht kein anderes Recht, als zu seinem Ende notwendig ist.

Jean-Jacques Rousseau: Vom Gesellschaftsvertrag (1762), zitiert nach: Vom Gesellschaftsvertrag. Übers. von Erich Wolfgang Skwara. Frankfurt / M. 1996, I, Kap. 4, S. 20

6. Verfasst einen Essay, in dem ihr zu dieser Aussage von Rousseau Stellung nehmt. Bezieht dabei die verschiedenen Argumente zum „gerechten Krieg" ein, die ihr kennengelernt bzw. entwickelt habt.

5 Kreativ nachdenken über soziale Gerechtigkeit

5.1 Poster

1. Gestaltet ein Poster auf dem ihr mehrere Aspekte des Themas *soziale Gerechtigkeit* in ihrer *Beziehung zueinander* darstellt. Verwendet dabei Begriffe und Zitate aus diesem Kapitel, aber auch eigene Formulierungen und Zeichnungen, sowie Bilder aus der Zeitung, aus Zeitschriften oder dem Internet.
2. Stellt die Poster einander vor und stellt die Überlegungen dar, die eure Poster zum Ausdruck bringen.

5.2 Beschriftungen

IV 1.1

Betrachtet noch einmal die Kunstaktion mit den Kleidercontainern.

3. Entwerft eine ähnliche Aktion zum Thema *soziale Gerechtigkeit*. Arbeitet dabei entweder mit eigenen Fotos, Bildern aus dem Internet oder eigenen Zeichnungen. Wählt einen oder verschiedene Orte, die ihr beschriften wollt. Entwerft den Text der Aufschrift und stellt eure Aktion bildlich dar.
4. Präsentiert die Ergebnisse euren Mitschülern und erläutert, welchen Gedanken zum Thema *soziale Gerechtigkeit* ihr mit eurer Beschriftungsaktion zum Ausdruck bringen wolltet.

5.3 Eure Schule als Schule der Fähigkeiten

II 2.3

Martha Nussbaum glaubt, dass das Bildungssystem von großer Bedeutung für die Fähigkeiten auf ihrer Liste der Fähigkeiten ist. Insbesondere die internen Fähigkeiten, darunter die Fähigkeit der praktischen Vernunft können ihrer Ansicht nach am besten durch Bildung gefördert werden.

5. Denkt über eure Schule und den Unterricht in ihr nach. Inwiefern ist sie bereits eine Schule der Fähigkeiten? Wo seht ihr Möglichkeiten der Verbesserung, durch die eure Schule noch eher die Fähigkeiten von Nussbaums Liste herausbilden könnte?
6. Haltet eure Gedanken auf einem Poster fest. Diskutiert dann, welche Verbesserungsvorschläge sich umsetzen lassen und mit welchen Verantwortlichen ihr diese Vorschläge besprechen könntet.

5.4 Die Schule als eine gerechte Bildungsinstitution

7. Versucht mithilfe des Gedankenexperiments des Urzustandes von John Rawls Grundsätze einer gerechten staatlichen Schulbildung zu erarbeiten und zu formulieren.
   a) Handelt einen Vertrag über die Organisation der Schulbildung aus. Bildet dazu Gruppen zu je 4–5 Schülerinnen und Schülern. Orientiert euch an folgenden Vorgaben:
      - Beachtet die besprochenen Bedingungen des *Schleiers des Nichtwissens*. Wählt eventuell Beobachter, die überprüfen, ob die Beiträge wirklich dem Prinzip des Nichtwissens entsprechen oder ob sie durch bestimmte Interessen bestimmt sind.
      - Beachtet die von Rawls formulierten Gerechtigkeitsprinzipien.
      - Folgende Fragen könnten durch euren Vertrag beantwortet werden:
        Wie früh sollte die Schulbildung beginnen?
        Welche Fördersysteme könnten am besten Benachteiligungen ausgleichen?
        Welche außerunterrichtlichen Aktivitäten sollten angeboten werden?
        Welche Fähigkeiten und welches Wissen sollte die Schulbildung vermitteln und fördern? Unterscheidet dabei zwischen theoretischen Kenntnissen und anwendungsbezogenem Wissen.
        Sollte die Struktur der drei allgemeinbildenden Schulformen der Sekundarstufe I (Hauptschule, Realschule und Gymnasium) beibehalten werden oder wäre ein anderes System, z. B. das der Gesamtschule, gerechter?
   b) Haltet die Ergebnisse eures Vertrages, eventuell auch in grafischer Form, fest und präsentiert sie euren Mitschülerinnen und Mitschülern.

Informiert euch über die Idee der „just community school".

Bildquellen

Hinweis: Urheberrechtsfreie Abbildungen sind nicht nachgewiesen.

13: © askaja – Fotolia.com

14: © Björn Schaff, Halle (Saale)

16: © shoot4u – Fotolia.com

17: © Julia Tulke, Berlin / wallsoffame

19: © Marie-Lan Nguyen / Wikimedia Commons (Public Domain)

21: © martinkaufhold.de

22: © VollwertBIT / Wikimedia Commons

23: © Thomas Bachmann

24: Felix Nussbaum, Einsamkeit (1942), Öl auf Leinwand 95 x 61 cm, © Jüdisches Museum Berlin; Foto: Jens Ziehe, Ankauf aus Mitteln der Stiftung Deutsche Klassenlotterie Berlin

25: © Zwerenz-Archiv

30: © Deutsche Fotothek

34: © bodoklecksel / Wikimedia Commons

37: © Gleimhaus Halberstadt, Foto: Ulrich Schrader

41: © akg Images

48: © K. C. – Fotolia.com

49: © Simone Henninger, Halle (Saale)

50: © Yuri Arcurs – Fotolia.com

52: © Dr. Jan Tomaschoff, Erkrath

54: © MLA Photography – Fotolia.com

71, 80: © Melanie Freund

73: „Wir haben doch alles, Martha", aus: Jean-Jacques Sempé „Von den Höhen und Tiefen", © 1972 by Sempé, Copyright der deutschsprachigen Ausgabe © 1984 Diogenes Verlag AG Zürich

74: © Carola Schubbel – Fotolia.com

76: © michanolimit – Fotolia.com

78: © gavritskov – Fotolia.com

79: © VG Bild-Kunst, Bonn 2012

83: © Rainer W. Junker

84 links: © GHotz – Fotolia.com; rechts: © Gordana Sermek – Fotolia.com

86: Mit freundlicher Genehmigung von Katharina Wenzel-Seifert

87: © Monia – Fotolia.com

93: Illustration „André-Paul Poulot, Ende des ersten Teils", aus: Jean-Jacques Sempé „So ein Zufall", Copyright © 1981 by Sempé, Copyright der deutschsprachigen Ausgabe © 1982 Diogenes Verlag AG Zürich

110: © Vaclav Zilvar – Fotolia.com

113: © Bibi Saint-Pol / Wikimedia 2007

115 oben: © Rainer Kirchner

121: oben: © Melanie Kempa, unten: © Aintschie – Fotolia.com

122: Rene Gagnon / www.renegagnonfineart.com

123: © TAlex – Fotolia.com

124: © nataliasheinkin – Fotolia.com

125: © styleuneed – Fotolia.com

126: © Tatyana Gladskih – Fotolia.com

128: © Creative Commons by-nc-nd / Christian Hartmann

130: © Johann Jaritz / Wikimedia Commons

137: © Zirocool – Fotolia.com

139: © Alexander Yakovlev – Fotolia.com

140: © carlosgardel – Fotolia.com

143: Courtesy Estate Juan Muñoz, Madrid

144: © Rainer Schwalme

149: Foto aus dem Digitalen Bildarchiv der Stiftung Haus der Geschichte der Bundesrepublik Deutschland

150 / 1: © 47media – Fotolia.com; / 2 © Wolfgang Herget – Fotolia.com / 3 © Jeanette Dietl – Fotolia.com / 4 © ChristArt – Fotolia.com / 5 © Gina Sanders – Fotolia.com / 6: © Angela Wulf – Fotolia.com

157: © Atelier W. – Fotolia.com

159: © archideaphoto – Fotolia.com